열일곱 살에 읽는 맹자

메멘토
청소년문고
04

열일곱 살에 읽는
맹자

• 김태진 지음 •

메멘토

일러두기

1. 이 책에 인용한 『맹자』 문장은 청소년들의 눈높이를 고려하여 저자가 직접 원문을 번역한 것이다. 가독성을 고려하여 번역문은 본문에 두고 해당 원문은 책 맨 뒤에 실었다.

2. 『맹자』의 번역문과 원문 뒤의 「양혜왕 상 1」과 같은 표시는 「양혜왕 상」 편의 1장을 가리킨다. 장 구분은 주희朱熹의 『맹자집주孟子集註』를 따랐다.

이 책을 쓰는 동안, 저는 온통 나무에 마음이 빼앗겼어요. 책을 구상하고 집필했던 종로 정독도서관 뜰의 벚나무들, 책 짐을 싸들고 머물렀던 고창 선운사의 동백나무들, 참으로 장하게 뻗은 월정사 동구의 전나무들이 무슨 환영처럼 머릿속을 맴돌아 떠나지를 않더군요.

또 떠오르는 한 사람이 있어요. 장 지오노Jean Giono가 쓴 『나무를 심은 사람L'homme qui plantait des arbres』의 엘제아르 부피에 노인입니다. 웬일인지 그 노인과 맹자孟子가 계속 겹쳐지더군요. 노인은 척박한 프로방스의 대지에 떡갈나무 씨앗을 심고 가꾸어 마침내 그곳을 풍요로운 숲으로 만들어요. 맹자도 전쟁을 일상으로 삼던 전국戰國 시대에 거대한 사상의 나무를 가꾸었습니다. 그들의 헌신과 고결함이 무척이나 닮았어요.

제가 파악한 맹자의 사상은 '나무의 사상'이고, 그는 '나무를 심은 사람'입니다. '맹자 나무'의 출발점인 씨앗은 인간의 착한 네 가지 마음인 사단四端이에요. 성선설性善說이 터 잡고 있는 곳이 사단이죠. 씨앗은 줄기와 가지로 점점 자라서 해를 향해 힘차게 솟아오르는데, 그 동력은 호연지기浩然之氣입니다. 그리하여 마침내 화사하게 꽃을 피우고 풍성하게 열매를 맺어요. 열매는 바로 맹자가 역설한 어진 정치[仁政]요, 왕도 정치王道政治입니다. 이게 맹자의 구상입니다.

맹자의 사상은 씨앗과 뿌리, 가지와 줄기, 꽃과 열매가 각기 인간의 성품에 관한 논의인 인성론, 인격을 갈고닦는 문제인 수양론, 사회 구성원의 인간다운 삶을 위한 노력인 정치론에 대응하는 구조를 갖고 있어요. 제가 맹자의 사상을 '나무의 사상'이라 부르는 이유입니다.

저는 고등학교에서 국어를 가르치고 있는 교사입니다. 벌써 이태가 지난 일입니다만, 3년간 뜻하지 않게 아침마다 교문에서 학생들을 맞이하는 역할을 맡았어요. 다시 말하면, 교문을 지나가는, "그의 과거와 현재와 그리고 그의 먼 미래와 함께 오는"(정현종, 「방문객」) '어마어마'한 '방문객'들을 매일 만나는 행운을 얻은 것이죠. 인사를 하며 교정을 지나가는 그들의 빛나는 얼굴과 지치고 힘들어하는 '뒷모습'을 함께 볼 때마다 문득문득 설명하기 어려운 뭉클한 마음이 일었어요. 그것이 낯익은 혹은 낯선 열일곱들에게 『맹자』를 들려주고 싶은 계기가 되었습니다.

무엇보다 우리 학교 아이들에게 고마움을 전하고 싶어요. 특히 2학년 3반 우리반 학생들에게 감사합니다. 글이 막힐 때마다 그이들을 보면서 영감과 용기를 얻었으니까요. 주말과 방학을 가리지 않고 뻔질나게 책가방을 싸들고 집을 뛰쳐나간 남편을 지켜봐 주고, 방학 때엔 오히려 등을 떠밀어 집필 여행을 보내 준 아내 진라, 잘 놀아 주지 못하는 서툰 아빠를 두었지만 아프지 않고 무사히 커 가는 두 아이 윤후, 윤서에게 고맙고 미안한 마음을 전합니다.

지난해 여든을 넘기신 어머니께 부족한 이 책을 바칩니다.

2017년 8월

김태진

차례

나를 아는 데서 삶이 시작된다

아무개들에게 씁니다. 저도 그 나이를 거쳤지만 어른들의 착각처럼 그 시기를 지나왔다고 잘 알지는 못합니다. 다만 학교 현장에서 여러분들을 가르치면서 꿈만큼 고민도 많고, 고민만큼 꿈도 많은 나이라는 점은 분명히 알고 있어요. 저더러 그때로 돌아가라면 쉽사리 대답하기 힘들겠군요. 그렇지만 가끔은 그 나이를 부러움과 질투가 섞인 눈으로 바라보는 것도 어김없는 제 진심이에요.

저는 학교에서 '선생님'으로 불려요. 원래 '선생先生'이란 말은 『시경詩經』에서는 '맏이'로, 『논어論語』에서는 '부형父兄'이나 '선배'의 의미로 쓰였어요. 우리가 읽을 『맹자孟子』에 와서야 오늘날처럼 '나이가 많고 학덕이 있는 사람'의 뜻으로 사용되기 시작했죠. 그러니 『맹자』에 나오는 원래의 뜻대로 '선생'이 되려면 한참 먼 저는 학생들이 무람없이 부르는 '샘'이 훨씬 정답고 친근해요.

그러나 나이를 마냥 헛먹지만 않았다면, 먼저[先] 태어난[生] 저한테서 새겨들을 말이 아주 없지는 않을 겁니다. 제가 2300년 전 맹선생님의 말씀을 오늘 우리의 언어로 옮겨 전하는 역할을 자청하고, 거기다 제 생각을 조금 보탠 까닭입니다.

물이 넉넉하지 않으면 큰 배를 띄울 수 없다

물이 넉넉히 고이지 않으면 큰 배를 띄울 힘이 없다. 한 잔의 물을 움푹 팬 곳에 부으면 겨자씨는 띄울 수 있을지 몰라도, 그 물에 술잔을 내려놓으면 바닥에 금방 가라앉고 만다. 물은 얕고 배는 크고 무겁기 때문이다.

『장자莊子』「소요유逍遙遊」의 말씀입니다. 물이 깊지 않으면 큰 배를 띄울 수 없고, 한 잔의 물로는 겨우 겨자씨를 띄울 수 있을 뿐이지요. 그럼 한 잔의 물에 겨자씨보다 무거운 술잔을 올려놓으면요? 결과는 뻔하지요. 그래서 밑바탕이 중요합니다. 조선의 학자들이 몹시 존숭했던 송나라 주희朱熹도 '수도선부水到船浮'란 표현을 썼어요. 물이 차야 배를 띄운다는 뜻입니다. 이 역시 기초부터 차근차근 쌓지 않고는 모래밭에 세운 누각일 뿐이라는 겁니다. 세상의 이치가 그래요. 큰 배를 띄울 채비를 위해 지금부터 들려줄 이야기가 『맹자』입니다.

그런데 왜 『맹자』일까요? 『맹자』의 매력이 대체 뭘까요? 저는 우선 맹자라는 인물에 있다고 생각해요. 그는 직설적 성격으로 대놓고 말하는 사람이었어요. 진심을 숨기고 의뭉스레 꿍쳐 두지 않았어요. 가령, 제자가 스승 맹자의 행동에 앞뒤 모순이 있다고 지적하면, "그때는 그때고 지금은 지금이지!"라며 딱 잘라 말합니다. 불쾌한 감정을 마음에 담아 두지 못하는 성미였어요. 때론 당당함이 지나쳐 거만해 보일 때도 있지만 옹졸함은 없었습니다. 그는 늘 위풍당당했지요.

또 하나의 매력은 맹자의 생각입니다. 거창하게 말하면 사상이겠지요. 그는 인간의 알맹이를 마음이라 보았습니다. 또 인간에겐 개개인의 특성을 넘어선 공통적이고 보편적인 마음이 있다고 생각했어요. 그 마음은 나로부터 가족으로, 가족에서 공동체로 마치 저 울창한 나무처럼 한없이 자라고 뻗어 가야 한다고 믿었습니다.

맹자는 '인간'을 사랑[仁]과 정의[義]의 존재로 규정했습니다. 타인의 아픔을 안타까워할 줄 아는 공감 능력[仁]과 나의 잘못을 부끄러워하고 남의 잘못에 과감하게 성낼 줄 아는 정의에 대한 자각 능력[義]을 지녔다고 보았어요. 맹자는 이를 바탕으로 해야 개인에겐 훌륭한 삶이, 공동체엔 선한 정치가 실현 가능하다고 확신했습니다. 또한 자신을 성숙시키는 일과 정의롭고 따뜻한 공동체를 만드는 일을 하나로 여겼습니다. 결국 인간의 선한 본성을 바탕으로 왕도 정치를 이룬다는 전망을 통해 그는 개인과 사회의 부조리와 모순을 극복할 수 있다고 주장했지요. 맹자의 이런 주장은 이기利己의 테두리 안에서 허우적거리며 남에 대한 배려가 턱없이 부족한 오늘의 우리에게 소중한 시사점을 주지 않을까요?

맹자가 자신의 역할 모델로 존경한 공자는 자신의 한평생을 돌아보며 열다섯에 학문에 뜻을 두었다(志學)고 했어요. 그래서 '지학'은 열다섯 살을 가리켜요. 지금으로 치면 열일곱, 고등학생인 여러분의 나이로 보아도 무방합니다. 삶이 동터 오르는 새벽, 열일곱에 자신과 세상에 대한 밑그림을 그려 보는 일은 값집니다. 인간은 한 번도 꿈꾸지 않은 삶을 살아 낼 수 없는 존재니까요.

인문 고전, 자기 변화를 위한 디딤돌

프랑스 작가 아나톨 프랑스Anatole France가 말했다죠? 고전이란 누구나 이름은 알지만 아무도 읽지 않은 책이라고요. 동양의 대표적인 고전을 들라면 이구동성으로 『논어』를 첫손가락으로 꼽을 겁니다. 막상 읽어 보면 공자께서 뻔한 말씀을 하고 있어요. 이게 뭐야? 다 알고 있는 내용이잖아, 그래요. 『논어』도 별난 말씀이 아닙니다. 세상에 차고 넘치는 좋은 말씀의 하나일 뿐이에요.

그러나 곱씹어 읽으면 맛이 깊어요. "배우고 때에 맞게 익히면 정말 기쁘지 아니한가?〔學而時習之 不亦說乎〕"(『논어論語』「학이學而」) 위대한 고전 『논어』의 첫마디가 고작 이거란 말인가? 그래도 세월이 가고 나이가 들면서 저는 이 말씀처럼 중요하고 두려운 말을 여태 만나지 못했습니다. 배움을 포기하는 순간, 배움의 기쁨을 느끼지 못하는 순간, 인간의 삶도 그저 영혼 없는 물건에 지나지 않아요. 배움은 변화의 욕구에서 나오니까요. 현실에 안주하지 않겠다는 열망이니까요.

저는 아무도 자신의 삶을 단 1초도 대신 살아 줄 수 없다고 깨닫는 그 순간이 어른이 되는 시점이라고 생각해요. 그런 점에서 공자의 이 말씀은 배움의 중요성을 강조한 것이기도 하지만, 자신이 삶의 주체임을 자각하여 매순간 배움을 통해 변화를 꾀하라는 메시지이기도 합니다.

> 요즘 사람들은 도통 글을 읽을 줄 모른다. 『논어』를 읽는다고 치자. 읽기 전에도 그저 그런 사람이고 읽은 후에도 아무런 변화가 없는 사람이라면, 이 사람은 책을 아예 읽지 않은 것과 마찬가지다.

『논어집주論語集註』에 인용된 중국 북송의 유학자인 정자程子, 즉 정이程頤의 말씀입니다. 책 읽기의 근본 의미를 이처럼 간명하게 표현한 말이 또 있을까요? 책을 읽기 전과 읽은 후에 몸과 마음에 아무런 변화가 없다면, 책을 읽지 않은 사람이다! 독서의 목적은 자신의 진정한 진보에 있고 남에게 자신의 지식을 자랑하는 데 있지 않다는 뜻이지요. 그래서 옛사람들은 진짜 배움을 '위기지학爲己之學'이라 했어요. 자신의 변화를 위한 공부라는 의미입니다. 반면에 남의 인정을 받기 위한 가짜 배움을 '위인지학爲人之學'이라 불렀어요. 남을 의식한 공부라는 말이에요.

돌이켜 보면 문제는 늘 나 자신이 정말 무엇을 좋아하는지, 왜 공부해야 하는지를 모르는 데서 출발해요. 부모의 기대에 부응하기 위해서 혹은 남보다 나를 돋보이게 하려는 경쟁심으로 하는 공부와 책 읽기는 재미없고 따분한 일과가 되고 말아요. 라캉Jacques Lacan이란 정신분석학자가 이런 말을 했어요. "인간은 타인의 욕망을 욕망한다." 저는 그의 말을 이렇게 이해해요. '인간은 자신이 뭘 원하는지 실은 잘 모른다. 자신이 원하는 일이 진정으로 자신이 바라는 것이 아닐지도 모른다. 의심하라! 그리고 네가 진정으로 좋아하는 일이 무엇인지 성찰하라!' 세상에서 제일 알기 어려운 일이 바로 자신을 아는 일이잖아요?

그런데 나 자신이 진정 무엇을 원하는지를 알아차리는 일은 다른 사람이 대신해 줄 수가 없어요. 오로지 본인이 알아내야만 하죠. 이 점을 깨달으면 어른이 되고, 깨닫지 못하면 영원히 아이에 머물고 말겠지요.

이제 본격적으로 맹자의 사상을 살펴보려고 합니다. 앞서 맹자의 사상을 나무의 생장에 빗대어 말씀을 드렸지요. 총 4부로 구성된 본문에서는 맹자 나무의 씨앗에서 싹이 트고 줄기와 가지가 뻗어 드디어 꽃과 열매를 맺는 과정을 살펴보려고 합니다.

　1부 토양은 『맹자』를 읽기 위한 배경 지식에 관한 부분입니다. 그래서 '맹자와 그의 시대', 그리고 그 시대의 산물인 『맹자』라는 책에 대해 말합니다. 모든 사상가의 철학이 그러하듯 『맹자』도 그 시대가 낳은 산물입니다. 맹자는 전쟁이 일상화된 전국戰國 시대에 살았어요. 그러니 그의 사상도 전쟁이 백성들의 삶을 짓밟던 때를 겪으며 나왔고, 『맹자』에 문제의 해법을 담았어요. 그러므로 1부의 제목 '토양'은 맹자와 그가 살았던 시대의 은유로 썼습니다.

첫 번째 글에서는 맹자의 삶을 간략히 짚어 보았는데, 어머니와 관련된 일화를 몇 가지 덧붙였습니다. 청소년들이 맹자라는 인물을 가깝게 느끼게 하려고 『맹자』 전편에 드러나는 그의 도도한 자존심을 부각했고, 간략하나마 그의 언변 방식을 소개했습니다.

『맹자』에는 우리가 쓰는 어휘가 많이 포함되어 있어요. 두 번째 글은 그 점을 들어 『맹자』가 현재의 삶과 동떨어진 고전이 아니라는 점을 강조했습니다. 또한 『맹자』의 핵심 내용을 개략적으로 미리 살펴보았습니다.

2부 씨앗과 뿌리는 맹자의 '인성론'을 다룹니다. 사상과 철학은 대개 인성론에서 시작해요. '인간을 어떻게 바라보느냐' 하는 것이 인성론의 바탕이 되죠. 인간은 선한 존재인가? 아니면 악한 존재인가? 그도 아니면 선하지도 악하지도 않은 존재인가? 주어진 환경에 능동적으로 반응하는 존재인가? 환경의 지배를 받는 수동적 존재일 뿐인가? 이런 문제는 오늘날도 여전히 해결되지 않은 철학의 근본 질문입니다. 그러므로 2부의 제목 '씨앗과 뿌리'는 맹자 사상의 출발점을 짚어 본다는 의미를 가지고 있습니다. 특히나 맹자 인성론의 핵심인 사단四端의 '단端'에는 씨앗 혹은 '떡잎'이라는 의미도 있으므로 단순히 은유적인 표현으로만 쓰지는 않았습니다.

세 번째 글은 그의 인성론의 핵심인 사단과 성선설을 다루는데, 어린 아이가 우물로 들어가는 상황을 설정하여 인간의 성선을 설명하려 한 '유자입정孺子入井'이 여기에 나옵니다. 이 글은 비교적 이론에 해당하기 때문에 청소년이 읽기에 어려움이 있을지 모릅니다만, 맹자 사상의 정수精髓에 해당하므로 건너뛰어 읽어서는 안 된다고 생각해요.

네 번째 글은 성선의 연장에서 맹자가 강조한, 인간의 타고난 능력인 '양지良知'와 '양능良能'과 '만물의 이치가 나에게 갖추어져 있다'는 '만물개비어아萬物皆備於我'에 대해 다룹니다. 맹자의 양지와 양능은 중국철학사에서 '양명학'으로 이어지는데, 양지와 양능을 간단히 설명하자면 인간성에 대한 무한한 긍정이라고 할 수 있습니다. 또한 '만물개비어아'의 정신은 나라는 존재와 너라는 존재가 함께 귀하다는 선언인데, 이것도 인간성에 대한 신뢰에 바탕한 것으로 이해할 수 있어요.

3부 줄기와 가지는 '수양론'에 관련된 내용입니다. 수양은 다른 말로 성찰입니다. 문제의 원인을 자신에게서 찾아, 마치 거울의 때를 닦듯이 자신의 잘못을 씻어 내는 것을 말하죠. 3부의 제목 '줄기와 가지'는 인간성의 발현을 나무의 성장에 비유한 '우산지목牛山之木'에서 유추하여, 씨앗이 줄기와 가지로 뻗어 나가는 것을 인간의 '수양'에 빗대어 명명한 것입니다. 수양을 통해 튼실해진 줄기와 가지는 어떤 외부의 시련에도 흔들리지 않게 되니까요.

다섯 번째는 '자포자기'에 대한 글입니다. 또한 맹자가 말한 '하지 않는 일'과 '할 수 없는 일'을 분간해 성찰의 의미를 곱씹어 보려합니다.

여섯 번째 글은 성선설과 아울러 맹자의 마음 이론의 핵심인 '부동심不動心'과 '호연지기'에 대해 다룹니다. 맹자 수양론의 요점은 외물에 미혹되어 드러나지 않는 본심을 다시 한 번 발휘하는 데 있어요. 그래서 마음이 중요해요.

일곱 번째 글은 '인의예지'와 '효'에 대해 다룹니다. 오늘날 구닥다리 취급하는 대표적인 덕목이 인의예지와 효일 겁니다. 그러나 적어도 맹자를 포함한 유학(儒學: 공자를 시조로 하고 인과 예를 근본이념으로 하여, 수신에서 비롯하여 치국평천하에 이르는 실천을 그 중심 과제로 삼는 학문)의 사상은 이 덕목들을 빼놓고는 설명할 수 없어요. 왜냐하면 유학의 논리는 언제나 나와 가정으로부터 시작하여 사회와 국가로 이어지기 때문입니다.

여덟 번째 글은 '공부' 이야기이자 '마음' 이야기입니다. 공부 방법론을 다룬 글은 아니지만 역설적으로 이보다 더 확실한 방법론이 없어 보여요. 공부의 근본이 무엇인지 성찰해 보려 합니다.

아홉 번째 글은 '부끄러움'에 대해 다룹니다. 공자도 맹자도 중시했던 것은 '하지 않는 일'이었어요. 함부로 해서는 안 되는 일이 있어야 한다는 거죠. 여기서는 『맹자』로 윤동주의 「서시」를 읽어 보려

합니다.

　열 번째 글은 벗과의 사귐에 대한 이야기입니다. '벗을 사귀는 도리'란 자칫 거창하고 고리타분한 말씀으로 이해하기 쉽습니다만, 벗을 깊이, 오래 사귈 수 있는 방법으로 이해하면 됩니다. 진득하니 귀담아 들을 말씀입니다.

　열한 번째 글은 '수양의 완성은 자신의 완성에서 그치지 않고 타인의 완성까지 도달하는 데 있다'는 메시지를 담고 있어요. 타인과의 경쟁에서 이기는 것을 자신의 완성으로 착각하는 우리에게 경종의 말씀이 되리라 믿습니다.

　열두 번째 글은 '대장부'에 관한 글입니다. 공자가 군자를 강조했다면 맹자는 대장부를 강조했어요. 대장부란 어떤 사람인지 살펴보려 합니다. 아울러 공자와 맹자가 미워한 인간형인 향원鄕愿에 대해서 알아봅니다.

　4부 꽃과 열매는 '정치론'에 관한 부분입니다. 인성론과 수양론도 중요합니다만, 맹자 사상에서 정수를 들라면 단연코 '정치론'을 꼽을 수 있어요. 맹자는 사상가이기 전에 정치가였어요. 자신의 포부를 세상에 실현하기 위해 온 생애를 걸었어요. 따라서 그의 사상을 나무에 비유하자면, 꽃과 열매가 그의 정치론인 인정仁政 혹은 왕도 정치에 해당합니다.

　열세 번째 글은 정치의 기본 원리에 관한 글입니다. 사랑과 옳음을 우선하는 정치냐? 아니면 이익을 우선하는 정치냐? 이 선택에 따라 왕도王道 정치와 패도覇道 정치가 갈립니다. 임금이 정치를 할 때 왜 이익을 우선해서는 안 되는가를 역설하고 있어요.

열네 번째 글은 왕도 정치의 이상과 방법에 대한 글인데, 정전제井田制를 통한 '항산(恒産: 일정한 생업)'의 확보와 이를 토대로 한 '항심(恒心: 변하지 않는 도덕심)'이 그 주요한 내용입니다.

열다섯 번째 글은 주로 정치가의 마음 자세에 관한 글입니다. 훌륭한 정치 시스템을 갖춘다고 해서 훌륭한 정치가 저절로 실현되지는 않아요. 왜냐하면 그 시스템을 사람이 운영하기 때문입니다. 정치가의 태도는 그래서 여전히 중요해요.

열여섯 번째 글은 유가의 정치사상의 핵심인 '민본주의民本主義'에 대한 글입니다. 백성을 근본에 두고 정치를 해야 한다는 내용입니다. 그리고 맹자의 혁명 사상에 대해서도 살펴봅니다.

1부
—

토양

: 맹자와 그의 시대

맹자와 그의 시대

어느 때고 혼란하지 않은 시대는 없어요. 평화로운 시대는 우리의 바람 속에만 존재할 뿐, 세상 어디에도 현실로 존재한 적이 없습니다. 특히 중국 역사에서 혼란이 극도에 달한 때가 춘추(春秋, BC 770~BC 403)·전국(戰國, BC 403~BC 221) 시대인데, 혼란한 시기는 그 혼란을 수습하기 위한 인물과 사상을 낳습니다. 역사의 아이러니라고 할까요? 난세가 영웅을 만든다고들 하지요.

공자와 맹자는 각기 춘추 시대와 전국 시대의 사상가입니다. 춘추와 전국은 모두 책 이름에서 왔는데, 춘추 시대는 공자가 지었다는 『춘추春秋』에서 그 이름이 유래했고, 전국 시대는 유향劉向이 지은 『전국책戰國策』에서 그 이름이 비롯되었죠.

당시는 주周라는 봉건 국가가 중국의 중심부를 차지하고 그 외의 지역을 지배했는데, 봉건封建이란 천자天子가 지배하는 중앙의 땅 주위를 봉지(封地: 제후의 영토)로 편성하여 그곳에 왕의 피붙이, 이를테면 아우나 조카 등을 제후諸侯로 임명하여 다스리는 통치 시스템을 말합니다. 중앙과 지방은 혈연과 제사, 군사 등의 끈으로 연결되어 돌아가는 구조였죠. 처음에는 끈끈했던 혈연적인 유대도 세월이 지나 촌수가 멀어지면 그 관계도 점점 헐거워지겠죠? 같은 형제끼리도 반목하고 심지어는 부모 자식 간에도 원수가 되는 경우가 있으니까요. 그 봉건 시스템이 와해되기 시작한 때가 바로 춘추 시대였어요.

또 이런 와중에 기원전 8~7세기경부터 철제 농기구가 사용되고 치수(治水: 물을 이용하는 시설을 잘 갖추어 홍수나 가뭄 피해를 막는 일), 관개(灌漑: 농사짓는 데 필요한 물을 논밭에 대는 일) 사업이 가능해져요. 농작물의 생산이 비약적으로 증가하고, 증가한 농작물을 어떻게 분배할지를 두고 장기적인 싸움이 벌어집니다. 전통적인 계급 구조가 심하게 흔들리고 요동치게 되죠.

그리하여 중앙의 천자는 이름만 천자이지 이전처럼 제후국과 관계를 유지할 능력을 잃고, 제후국들은 자신들의 독자적인 국력을 키워 나갑니다. 맹자는 기원전 372년에 태어나 기원전 289년에 죽었다고 추정하는데, 그가 살았던 때가 전국 시대였어요. 글자 그대로 그 시기는 모든 나라가 전쟁 상태에 있었습니다.

모든 나라가 전쟁 상태였다는 건 어느 정도였을까요? 사마천司馬遷이 쓴 『사기열전史記列傳』 「태사공자서太史公自書」에 이런 구절이 나옵니다.

> 『춘추』를 보면 시해된 군주가 서른여섯이고, 망한 나라가 쉰둘이며, 제후가 달아나서 그 사직(社稷: 나라)을 지키지 못한 곳은 셀 수도 없다.

『춘추』에 기록된 200여 년 동안에 군주 시해 사건이 36차례 일어났고 공식적으로 멸망하거나 합병된 나라가 52개에 이르렀습니다. 6년에 한 번꼴로 군주가 살해되고, 4년에 한 번꼴로 나라가 멸망한 셈입니다. 전국 시대에는 이런 상황이 더욱 심각해졌어요. 전쟁의 시대란 말이 빈말이 아니죠.

당시는 철로 만든 농기구의 사용으로 농업 생산력이 비약적으로 높아졌어요. 그런데 알다시피 쇠로 농기구만 만들지 않죠. 무기도 만들 수 있어요. 무섭고 잔인한 말이지만 사람을 죽이기가 쉬워졌습니다. 바야흐로 전쟁의 시대에 접어든 것입니다. 철기로 된 무기의 발명은 전쟁의 양상도 바꿔 버렸는데, 춘추 시대의 전쟁이 수레를 이용한 거전車戰이었다면, 전국 시대의 전쟁은 주로 보병전步兵戰이었습니다. 쉽게 말해, 춘추 시대에는 전차를 위주로 전쟁을 벌여서 전세戰勢가 기울면 약한 쪽은 항복을 하고 강한 쪽은 약자의 왕을 갈아치웠어요. 상대적으로 백성의 희생이 적었습니다. 반면 맹자가 살았던 전국 시대로 오면 주로 보병전을 치르면서 무자비한 살육이 일어났습니다.

전쟁의 참상과 맹자의 분노

한 개인이 거대한 시대의 흐름을 바꾸기는 어려워요. 마치 당랑거철螳螂拒轍, 즉 사마귀가 앞발로 안간힘을 써서 지나가는 바퀴를 막는다 해도 이동을 멈출 수 없는 것과 같아요. 그렇지만 전국 시대 거의 모든 사상은 근본적인 문제의식을 공유하고 있었어요. 바로 평화였습니다. 약한 자가 강한 자에게 잡아먹히는 극단의 시대였기에 부국강병富國強兵을 이루지 않고서는 강대국의 먹잇감이 되고 마는 상황이었어요. 따라서 누구도 원하지 않았지만 누구나 전쟁을 하지 않을 수 없는 딜레마 상태였다고 할 수 있어요.

맹자가 바보가 아닌 이상 이런 시대 상황을 몰랐을 리 없지요. 그렇지만 그는 전쟁은 백성들의 고통을 극대화하고 군주의 사적 이익을 채우는 도구일 뿐이라고 주장했습니다. 왜 그랬을까요? 전쟁이 그지없이 처참했기 때문입니다. 맹자가 목격한 전쟁의 참상은 어땠을까요?

"땅을 빼앗으려고 전쟁을 하여 시체가 들판에 가득하고, 성城을 빼앗으려고 전쟁을 하여 시체가 성에 가득하다. 이는 이른바 영토를 이끌고 가서 사람을 잡아먹게 하는 것과 같으니, 그 죄는 죽어도 용서받을 수 없다."[1] 「이루 상 14」

제후들이 제가끔 영토를 확장하려고 전쟁을 벌이니 들판에 시체가 즐비합니다. 다른 나라의 성을 빼앗기 위해 벌인 전쟁으로 죽은 시체가 또한 성에 그득합니다. "영토를 이끌고 가서 사람을 잡아먹게 하는 것"이란 표현은 참으로 절묘하고 섬뜩합니다. 감정이 없는 영토를 짐승에 빗대어 이를 몰고가서 적국의 인민을 잡아먹게 한다는 식으로 전쟁의 잔인함을 표현했어요. 비유도 이런 섬뜩한 비유가 없지요.

이런 대목은 신문이나 방송에서 본 장면을 떠올려 상상력을 발휘해야 실감이 납니다. 혹시 전염병 때문에 소와 닭을 생매장하는 장면을 보았나요? 그 모습을 보며 하염없이 눈물을 흘리고 가슴을 치며 울부짖는 농민은요? 짐승의 시체가 쌓였어도 차마 눈뜨고 볼 수 없는데, 하물며 사람의 시체가 물건마냥 들판에 아무렇게나 나뒹굴고 있다니!

맹자가 볼 때 이건 완전히 수단과 목적이 뒤바뀐 거예요. 제자백가(諸子百家: 춘추 전국 시대의 여러 학파를 통틀어 말함)와 제후들이 너나없이 외치는 부국강병은 과연 누구를 위한 것인가? 백성인가, 임금인가? 백성들을 전쟁의 불쏘시개 삼아 결국 제 욕심만 채우자는 사악한 속셈이 아닌가? 맹자는 부국강병을 거부했어요.

> "저 (진나라나 초나라) 왕들은 백성들이 농사지을 제때를 빼앗아 그 부모를 봉양할 수 없게 하니, 부모는 추위에 떨고 굶주리고 형제와 아내, 자식들은 뿔뿔이 흩어지고 맙니다."2 「양혜왕 상 5」

전쟁은 죽은 자만의 고통이 아닙니다. 외려 살아남은 자가 더 슬프죠. 백성들은 전쟁 준비로 제때 농사를 짓지 못하고, 힘껏 지어봤자 부모 봉양조차 할 수 없습니다. 어른은 추위에 떨고 굶주리며 형제와 처자식은 살길을 찾아 제각기 흩어져 떠돌 수밖에 없어요.

> "그러므로 전쟁을 잘 하는 자는 극형을 받아 마땅하고, 제후와 연합한 자는 그다음 형벌을 받아 지당하며, 황무지를 개간하여 백성들에게 땅을 맡긴 자, 즉 백성에게 토지를 떠맡기고 세금을 무겁게 거두는 자는 그다음 형벌을 받아 합당하다."3 「이루 상 14」

저는 맹자 사상의 출발점의 하나를 '전쟁에 대한 그의 분노'라고 생각합니다. 그는 전쟁을 부추기며 전법戰法을 떠벌리는 자들은 죽여 마땅하다고 극언했습니다. 제 사리사욕을 위해 제후를 현혹시키는 달변의 유세객(遊說客: 당시 제후들을 찾아다니며 자기 학파의 주장을 선

전하던 사람)들은 그다음의 형벌을 받아야 한다고 단언했습니다. 또한 자신의 사적 이익을 숨긴 채 전쟁의 군비를 모으기 위해 황무지를 개간하여 백성들에게 생산력을 높이도록 강제하는 정치가들은 그다음 형벌을 받아야 한다고 성토했습니다. 주희는 『맹자집주孟子集註』에서 이들을 순서대로, 손빈孫臏과 오기吳起 같은 병법가, 소진蘇秦과 장의張儀 같은 유세가, 이회李悝와 상앙商鞅 같은 정치가라고 지목하고 있습니다.

맹자라는 사람

어떤 사상가든 그의 책을 제대로 이해하려면 그 사람의 삶을 몰라서는 곤란하겠지요. 맹자는 마치 우리의 질문을 기다렸다는 듯이 "그 사람의 시를 읽고 그 사람의 글을 읽으면서 그 사람을 몰라서야 되겠는가?〔誦其詩 讀其書 不知其人 可乎〕"(「만장 하 8」)라고 말합니다.

맹자孟子는 성이 맹孟이고 이름은 가軻이며 자字는 자여子輿입니다. 맹자孟子라고 할 때의 자子는 선생님이란 뜻으로 존경의 의미를 담고 있어요. 그러니까 그의 제자들이 그를 '맹 선생님'이라고 부른 거죠. 맹자는 차차 살펴기로 하고 우선 그의 어머니에 대해 알아보겠습니다.

『맹자』를 읽지 않은 사람도 '맹모삼천孟母三遷'이니 '맹모단기孟母

斷機'니 하는 성어成語를 퍼뜩 떠올립니다. 그만큼 유명한 분이지요.
맹자의 어머니는 일찍 남편을 여의고 홀몸으로 그를 키웠다고 하는
데, 한漢나라 때 유향劉向이 쓴 『열녀전列女傳』에 따르면, 맹모는 아
들이 혹시나 잘못된 길로 들까 노심초사하며 엄하게 키웠다고 전해
집니다.

맹모는 맹자의 교육 환경을 염려하여 묘지 근처에서 시장으로,
다시 학교 옆으로 이사를 했다고 하죠. 오늘날 교육열이 유독 강한
한국의 '맹모'들이 자식 교육을 위해 학군이 좋은 곳으로 이사를 하
고, 심지어는 그 영향으로 아파트 값이 들썩이는 것을 보면, 싫든
좋든 여전히 우리 교육은 아직도 '맹모삼천지교孟母三遷之敎'의 지대
한 영향 아래에 있다고 봐야겠어요. 고작 세 번이라고요? 옛날에는
특별한 경우가 아니면 아예 이사를 하지 않았으니 세 번도 많은 거
예요.

『열녀전』에는 이런 이야기도 전합니다. 아들 맹자가 진득하니 앉
아서 공부하지 않고 걸핏하면 농땡이를 칩니다. 참다못한 맹자 엄
마가 정수리에 침을 놓듯 따끔한 가르침을 내립니다. 자신이 한참
짜던 베를 절단해 버려요. 그러니 어린 맹자도 어지간히 놀랐겠죠.
중간에 공부를 그만두는 일은 베를 절단하여 쓸모없게 만드는 것과
같다는 뜻이었겠지요. 한마디로 '너도 이처럼 쓸모없는 인간이 될
래?'라는 충고입니다. 맹자 엄마가 짜던 베를 끊었다는 '맹모단기'
고사는 전한前漢 사람 한영韓嬰이 지은 『한시외전韓詩外傳』에도 실려

있습니다. 그만큼 널리 알려진 이야기란 뜻이에요.

『열녀전』과 『한시외전』에 실린 내용만 보면, 맹모는 남편 없이 어린 맹자를 억척스럽게 키운 듯이 보입니다. 그런데 실제 『맹자』에는 이와 상반된 이야기가 나와요. 노魯나라 평공平公이 가장 아꼈던 신하 장창臧倉이란 사람이 있어요. 평공이 길을 나설 채비를 하자 장창이 어디로 가는지를 묻습니다. 왕이 맹자를 만나러 가는 길이라고 하자, 장창이 말립니다.

> "예의라는 것은 현자賢者가 모범을 보여야 하는 법인데, 맹자는 나중에 치른 초상이 앞서 치른 초상에 비해 법도를 넘어 훨씬 화려했습니다. (그러니 그는 예의도 모르는 사람이고 따라서 현자도 아닙니다.) 구태여 임금께서는 찾아가실 일이 없지요."4 「양혜왕 하 16」

여기서 나중에 치른 초상은 어머니의 상을, 앞서 치른 초상은 아버지의 상을 말합니다. 장창의 말뜻은 이렇습니다. "아버지의 초상을 후하게 치르고 어머니의 초상을 박하게 치르는 것이 예의인데, 맹자는 이와 반대로 했습니다. 그러니 맹자는 예의를 모르는 인간입니다. 현자도 아닌 그를 굳이 몸소 만나실 필요가 없습니다. 가지 마십시오."

이를 전해 들은 맹자의 제자 악정자樂正子가 노나라 평공을 만나 맹자를 만나지 않은 이유를 묻자 평공이 대답합니다.

평공이 말했다. "어떤 이가 과인에게 '맹자가 나중에 치른 어머니의 초상이 먼저 치른 아버지의 초상에 비해 법도를 훨씬 지나쳤다.'고 하기에, 가서 만나보지 않은 것이다." "임금께서 말씀하시는 '법도를 어겼다는 것'은 무얼 뜻합니까? 앞서는 우리 맹 선생님께서 사士의 신분으로 예를 행했고 나중에는 대부大夫의 신분으로 예를 행한 것입니다. 법도를 어겼다는 것은 앞서는 아버지의 초상에 삼정三鼎의 제기祭器를 쓰고 뒤에는 어머니의 초상에 오정五鼎의 제기를 쓴 일을 두고 한 말씀이십니까?" "아니다. 내관內棺과 덧널, 수의壽衣가 너무 사치스러웠다는 말이다." "이는 이른바 '법도를 넘은 것'이 아니라, 처음과 나중에 경제 형편이 달랐기 때문에 그렇게 한 것입니다."5 「양혜왕 하 16」

이 대화를 유심히 보면, 맹자의 아버지는 그가 어려서 죽은 것이 아니라 맹자가 사士의 벼슬을 할 때 죽었어요. 하급 관료인 사의 벼슬로 있을 때 아버지가 돌아가셨기에 세 개의 솥으로 음식을 마련하여 제사를 지냈고, 나중에는 맹자의 직급이 대부大夫로 높아졌을 때 어머니가 돌아가셔서 다섯 개의 솥으로 음식을 마련하여 장례를 치렀다는 것입니다.

다른 기록보다 우리가 훨씬 신뢰할 수밖에 없는 『맹자』라는 책 속에는, 아버지를 여읜 것도 맹자가 성인이 되어 벼슬살이 할 때의 일이라는 겁니다. 그렇다면 아버지 없이 홀몸으로 자식을 키우기 위해 세 번이나 이사를 했다는 '맹모삼천지교'는, 맹모가 아들 교육에 헌신적 노력을 기울였다는 사실을 극적으로 만들기 위한 허구가 아닌가 싶어요.

우리가 정작 기억해야 할 맹모의 진면목은 그게 아닙니다.

맹자가 어렸을 때의 일이다. 동쪽의 이웃집에서 돼지를 잡았다. 이를 본 맹자가 어머니께 여쭈었다. "동쪽 집에서 돼지를 잡던데 무엇에 쓰려는 겁니까?" 어머니는 무심결에 답했다. "너에게 주려는 게지." 어머니는 말을 뱉고 나서 크게 후회하고서 이렇게 말했다. "내가 너를 가져 태교를 할 때, 바른 자리가 아니면 앉지를 않고 바르게 썰지 않은 것은 먹지도 않았다. 그런데 지금 뻔히 알면서도 너를 속였다. 이는 네게 불신을 가르친 셈이 되었구나." 그러고는 곧장 동쪽 집의 돼지를 사다가 먹였다. 속이지 않았음을 분명히 한 것이다.

『한시외전』의 기록입니다. 맹자의 집 동쪽에 있는 이웃집에서 돼지를 잡았어요. 맹자가 어머니에게 돼지를 잡아다 어디에 쓰려는지 묻습니다. 어머니가 지나가는 말로 무심코 말해요. "그야 우리 새끼 주려는 게지." 아차! 뱉은 말은 주워 담을 수 없는 법. 내가 아들에게 거짓말을 했구나! 고의는 아니지만 아들을 속인 셈이에요. 그래서 맹모는 동쪽 집의 돼지를 사다가 아들을 먹였습니다. 무심히 한

약속도 어기지 않았어요. 이런 맹모 밑에서 맹자는 분명코 반듯하게 컸을 겁니다. 이웃집 고기를 사다 먹인 행동보다 자식에게 불신을 가르쳤다는 맹모의 자각, 이게 놀랍습니다.

천하를 주유했으나

사마천의 『사기열전』 「맹가·순경열전孟軻荀卿列傳」에 따르면, 맹자는 자사子思의 문인에게서 공부했다고 합니다. 자사가 누굴까요? 공자의 손자로 공자의 제자 그룹의 막내인 증자曾子에게 배운 사람입니다. 공자가 증자를 가르쳤고 증자는 자사를 가르쳤다고 하니, 맹자는 학문의 계통으로 보면 공자와 증자, 자사를 계승했다고 할 수 있습니다.

맹자의 젊은 시절 행적은 자세하지 않아요. 그는 무슨 공부를 했을까요? 같은 책에서 사마천은 이를 두고 '도기통道旣通'이라고만 썼습니다. '도가 이미 통했다'는 것은 요즘말로 하면 '학문과 지식이 충분히 갖추어졌다'는 뜻이니, 세상으로 나아가 포부를 펼칠 준비가 되었다는 겁니다.

『맹자』에 대한 최초의 주석서(註釋書: 원전이 되는 책의 낱말이나 문장의 뜻을 쉽게 풀이한 내용을 담은 책)를 쓴 조기趙岐는 "맹자는 5경五經에 정통했는데, 특히 『시경詩經』과 『서경書經』에 해박했다."라고 했어요. 그가 통달했다는 5경은 『시경』, 『서경』, 『주역周易』, 『예기禮記』, 『춘추春秋』로 유교의 대표적인 경전입니다.

이런 학문적 축적을 바탕으로 맹자는 인의仁義의 덕을 근본으로 하는 '왕도 정치'라는 기치를 내걸고 세상을 떠돌았습니다. 이때 이미 50세에 가까웠어요. 그러니까 『맹자』에 나오는 맹자의 말과 행적은 모두 50세 이후의 일이라고 볼 수 있지요.

맹자는 자신의 사상을 받아들여 세상을 바꿀 제후들을 만나러 길을 나섰는데, 이 기간이 자그마치 거의 15년입니다. 그래서 『맹자』의 내용도 그와 제후들이 주고받은 문답이 대부분이지요.

『사기열전』에 다음과 같이 쓰여 있다. "제나라 선왕을 유세하고 섬겼으나 용렬한 제나라 왕이 그를 등용하지 못했다. 다시 양나라로 갔다. 양나라 혜왕이 맹자의 사상을 현실에 실행하지 못하고 그를 이상만 높고 꿈만 거창한, 세상물정 모르는 사람으로 여겼다. 당시는 진나라가 상앙을 등용하고 초나라와 위나라가 오기를 초빙하였으며 제나라가 손자와 전기를 발탁하였다. 천하가 바야흐로 합종과 연횡에 힘써 다른 나라를 공격하여 정벌하는 것을 훌륭하다고 여기던 때였다. 그런 와중에 맹자가 당우삼대(唐虞三代: 요임금·순임금의 시대, 하나라·은나라·주나라의 시대)의 이상을 주장하였다. 이 때문에 그는 가는 곳마다 임금과 뜻이 맞지 않았다." 「맹자집주서설孟子集註序說」

맹자가 제후들을 만나러 세상을 떠돈 순서는 명확하지 않아요. 『맹자』는 7편으로 구성되어 있는데, 이 편의 순서를 기준으로 보면 다음과 같습니다. 기원전 320년경에 양梁나라의 혜왕惠王을 찾은 것을 시작으로 그의 아들 양왕襄王에게 실망하여 제나라로 갑니다. 제齊나라 선왕宣王에게 기대를 걸고 7~8년을 머물렀다가 역시 자신의 주장이 받아들여지지 않자 제나라를 떠납니다. 맹자가 가장 오래 머물렀던 곳이 제나라였는데, 강대국인 제나라를 통해 인의仁義를 이상으로 하는 정치를 실행해 보려 했을 거예요. 그러나 결국 약소국인 등滕나라에서조차 자신의 사상을 펼치지 못하고 짐을 싸들고 고향인 추鄒나라로 돌아오고 말았습니다.

당시는 천하가 온통 합종合從과 연횡連衡을 통한 부국강병에 골몰하던 시대였어요. 쉽게 말해 합종책이란 당시 초강대국이던 진秦나라를 상대로 6개의 나라(초, 연, 제, 위, 한, 조)가 세로로 연대하여 진나라에 대항하자는 주장이고, 연횡책이란 어차피 강성한 진나라를 상대할 수 없으니 가로로 연대하여 진나라를 섬기자는 주장이었습니다. 그러니 요순과 우탕, 문왕과 무왕의 선정善政으로 돌아가자는 맹자의 복고적 주장을 제후들이 채택할 리 없었어요. 맹자가 주장한 당우삼대의 정치를 한 마디로 하자면, 무력이 아니라 임금의 솔선수범을 통한 통치였습니다. 백성을 잘 보살피려는 민본民本의 사상이었죠. 그러나 맹자에 대한 세간의 평가는 『사기』의 언급대로 '세상물정 모르고 딱한 소리 하는 사람'이었습니다.

이렇게만 보면 맹자의 삶은 실패 그 자체였습니다. 현실과 세상의 완고함에 부대낀 그가 어깨를 축 늘어뜨렸을까요? 그렇지 않아요. 우리의 맹자는 얼어 죽을망정 기가 죽을 인물이 아니었습니다.

제자인 팽경彭更이 물었다. "선생님의 수레를 필두로 뒤따르는 수레가 수십 대이고 거느리는 수행원이 수백 명입니다. 그들을 거느리고 돌아다니며 하는 일 없이 제후들에게 밥을 얻어먹는다는 게 너무 염치없고 사치스런 일이 아닐는지요?" 맹자가 말했다. "바른 도리를 통해서가 아니라면 밥 한 그릇도 남에게 받아서는 안 된다. 하지만 그게 바른 도리를 통해서 얻은 것이라면 어떤가? 순임금은 요임금의 천하를 통째로 물려받았으면서도 지나치다고 여기지 않으셨다. 자네는 그걸 지나치다고 여기는가?"6 「등문공 하 4」

맹자의 수레를 선두로 해서 수십 대의 수레가 뒤따르고 그동안 다녔던 나라에서 받은 물건을 바리바리 싸가지고 수백 명의 제자가 그를 수행하는 모습을 상상해 보세요. 맹자는 유약한 사상가가 아니라 카리스마가 넘치는 인물이었던 겁니다. 제자의 송곳 같은 질문에 한 번쯤 민망해하기도 했을 법한데 그는 늘 당당했습니다. "내가 지금 제후들에게 공짜밥을 얻어먹고 있다는 게냐? 나는 내 밥값을 하고 있네. 오히려 적지. 내가 하는 일은 세상을 구하는 일, 즉 정치가 아닌가 말이야!"

그러나 15년간의 세상 편력은 결국 물거품이 되고 말았습니다.

> "정치에서 손을 떼고 물러나서 제자인 만장의 무리와 함께 시서詩書
> 를 정리하고 공자의 뜻을 이어받아 『맹자』 7편을 지었다." 「맹자집주서설」

맹자는 70세가 가까운 나이에 고향으로 돌아와 제자들과 함께 자신의 지나온 삶을 회고하고 『시경』과 『서경』을 정리하며, 공자의 뜻을 계승하여 7편의 책을 세상에 남겼어요. 이 7편의 책을 묶어서 펴낸 것이 바로 『맹자』입니다. 그런데 『맹자』에는 이름에 자子가 붙은 제자가 나와요. 그걸 보면 『맹자』라는 책은 맹자 생전에 편집이 완료되지 않고 맹자의 제자를 선생님으로 부르는 제자들에 의해 후대에 내용이 더 추가되어 완성되지 않았나 싶어요. 또한 사마천의 평가대로 『맹자』는 『논어』의 내용을 계승한 대목이 적지 않은데, 그래서 두 책은 상호보완적인 면이 있어요.

현실 정치에서 실패한 그는 『맹자』라는 책으로 유학의 역사에 길이 남았습니다.

천하제일 자존심

한 사람을 알려면 그의 어떤 점을 파악해야 할까요? 물론 말과 행적도 중요합니다만, 맹자도 우리와 똑같은 인간이었기에 그의 성격과 기질을 알아보는 것도 맹자를 이해하는 좋은 방법이 될 수 있어요. 어쩌면 성격과 기질은 그 사람의 말과 행동의 예고편이기도 하겠죠. 맹자는 어떤 성격을 지닌 사람이었을까요?

맹자는 제나라 왕과 만난 후 왕이 자신의 포부를 펼치기에 부족한 인물이라고 단번에 판단하고 제나라를 떠나려 합니다. 그때 떠남을 만류하는 제나라 신하가 있었어요. 그런데 맹자는 그 신하가 찾아와 말을 걸어도 콧방귀도 뀌지 않고 책상에 삐딱하게 기대어 본체만체합니다. 참다못해 신하가 불쾌한 표정으로 다시는 찾아오지 않겠노라고 하자, 그제야 맹자가 입을 뗍니다.

> "앉게. 내가 그대에게 분명히 일러 주겠네. 옛날에 노魯나라 목공穆公은 자사子思의 곁에 자신의 성의를 전할 사람이 없으면 자사가 떠날까 봐 불안해하였고, 설류泄柳와 신상申詳은 목공의 곁에 제대로 보좌하는 사람이 없으면 당장이라도 벼슬을 때려치우고 떠날 태세였다네. 그런데 그대가 연장자인 나를 염려해 준답시고 하는 행동이 노나라 목공이 자사를 존중한 것에 미치질 못하네. 그렇다면 그대가 나를 거절한 것인가, 내가 자네를 거절한 것인가."[7] 「공손추 하 11」

노나라 목공은, 현인 자사의 뜻을 국정에 반영하는 왕의 메신저 역할을 할 신하가 없으면 자사가 언제 떠날지 몰라 불안해했다고 하는데, 그만큼 자사를 높이고 목공 자신을 낮추었다는 뜻입니다. 설류와 신상은 목공의 곁에 왕의 정치를 제대로 보좌할 신하가 없으면 언제든 왕의 곁을 떠나겠다고 으름장을 놓았다고 합니다. 이런 뜻이에요. "그대가 나를 염려한다면 당신의 임금이 직접 신하를 보내서 나를 만류할 일이지, 어찌 그대의 개인적 충정으로 나를 만류하려는 겐가? 이는 노나라 목공이 자사를 존중한 것에 한참 못 미친다네. 나를 어찌 보는가? 나는 자사와 같은 '급'이라네. 그러니 내가 그대의 말에 콧방귀도 뀌지 않은 채 누워 있었고 떠날 마음을 바꾸지 않았던 것이네."

맹자의 배포를 짐작할 수 있겠죠. 허풍으로 들릴 수도 있어요. 당시에는 맹자를 허풍쟁이로 본 임금이 틀림없이 있었을 겁니다. 겸손이라곤 찾아볼 수가 없어요. 그런데 오히려 그게 맹자의 매력입니다. 일부러 겸손이네 뭐네 마음에 없는 말을 하지 않아요. 제가 좋아하는 장욱진張旭鎭 화백도 비슷한 말씀을 하셨어요. "나는 심플하다. 때문에 겸손보다는 교만이 좋고 격식보다는 소탈이 좋다. 적어도 교만은 겸손보다 덜 위험하며, 죄를 만들 수 있는 소지가 없기 때문에, 소탈은 쓸데없는 예의나 격식이 없어서 좋은 것이다."(『강가의 아틀리에』) 때론 겸손만 한 위선도 없는 법이에요.

당시 제후들은 부국강병책을 듣고자 했고, 이를 통해 그들은 춘추오패(春秋五霸: 춘추 시대에 많은 제후국 간의 분쟁과 대립을 조정하고 국제질서를 주도한 다섯 명의 패자를 칭함)처럼 힘을 가지고 싶어 했어요. 그

중 제나라 환공을 보필하여 패자로 만든 이가 관중管仲이었고, 안자
晏子 역시 제나라를 강성하게 했던 위대한 정치가였습니다. 당시 제
후들과 지식인들은 '정치' 하면 관중과 안자를 첫손으로 꼽았죠.

> 공손추公孫丑가 말했다. "관중은 자기 임금을 천하의 제후 중에 패
> 자霸者로 만들었고 안자는 자기 임금의 이름을 천하에 드러내게 했
> 습니다. 그렇다면 관중과 안자도 오히려 되어 볼 만하지 않습니
> 까?" 맹자가 말했다. "제나라로 천하의 왕이 되는 것은 손바닥을
> 뒤집는 것처럼 쉬운 일이다."[8] 「공손추 상1」

정말 못 말리는 자신감입니다. '제나라로 천하의 왕이 되는 것'이
손바닥을 뒤집는 것처럼 쉽다니요! 그렇지만 그저 수사로만 들을
수 없는 말이에요. 여기에는 제나라와 같은 강대국에서 왕도정치론
을 실현할 수만 있다면, 그 파급력은 마치 바람 부는 들판의 불길처
럼 번질 것이기에 마침내 전쟁도 종식되고 말리라는 맹자의 기대가
반영되어 있어요.

그때는 그때고 지금은 지금!

맹자는 자신의 감정을 의뭉하게 숨기지 않는 직언직설의 인물이

었죠. 제나라를 떠날 때 제자인 충우充虞가 스승 맹자의 얼굴빛을 살폈더니 불쾌한 기색이 역력했습니다. 그래서 예전에 스승께 들은 말로 묻습니다.

충우가 말했다. "예전에 제가 선생님께 이런 말을 들었습니다. '군자는 하늘을 원망하지 않고 남을 탓하지 않는다.'" 맹자가 말했다. "그때는 그때고 지금은 지금이지. 500년마다 반드시 훌륭한 임금이 나타났고, 그 사이에 반드시 세상에 이름을 떨치는 이가 등장했다. 주나라 이후로 700여 년이 지났으니 햇수로 따지자면 이미 그때가 지났다. 그러나 시대적 상황으로 보면 훌륭한 임금과 세상에 이름을 떨칠 자가 나타날 만하다. 하늘이 아직 천하를 태평하게 다스리려고 하지 않아서이지, 만일 천하를 태평하게 다스리려고 한다면 지금 세상에 나 말고 누가 있느냐? 그러니 내가 무엇 때문에 유쾌하지 않겠느냐?"9 「공손추 하 13」

맹자의 얼굴에 성난 표정이 역력하자, 제자인 충우가 예전에 맹자가 한 말을 끌어와 해명을 요구해요. 언변이 출중한 맹자였으니 이런저런 변명을 늘어놓았을 법도 한데, 그때와 지금은 상황이 완전히 다르다고 딱 잘라 말합니다.

그런데 이 대목은 잘 읽어 보면 앞뒤가 맞지 않아요. 제 생각으로는 다혈질의 맹자가 버럭 화를 냈다가 차츰 정신을 차려 특유의 말솜씨로 얼버무린 것이 아닌가 싶어요. 프랑스의 시인 보들레르 Charles-Pierre Baudelaire가 말했어요. "인간에겐 두 가지 권리가 있다. 자신이 한 말을 부정할 권리, 돌아서서 가 버릴 권리." 저는 옹졸한 소신을 지키느라 자신이 한 말을 굳게 지키려는 어리석은 사람들에 비해, 맹자의 이런 면이 오히려 솔직하고 대인답다고 생각해요.

우리가 읽고 있는 『맹자』는 맹자 측이 편집한 책이라는 점도 주목해야 합니다. 그러니 맹자에게 밉보이면 누구라도 쪼다 같은 인간으로 그려지기 십상이었어요.

> 맹자가 말했다. "제나라 왕이 지혜롭지 못함은 조금도 이상할 게 없다. 비유를 들어 볼까? 세상에서 제일 쉽게 잘 자라는 생물이 있다 해도, 하루를 햇볕을 쪼이고 열흘을 춥게 하면 제대로 자랄 수가 없다. 마찬가지로 내가 임금을 만나는 날은 드물고 물러 나오면 아첨하는 자들이 임금에게 몰려드는 날이 많다고 하면 임금에게 싹수가 있다 한들 내가 어찌할 수 있겠는가?"[10] 「고자 상 9」

여기 왕은 제나라 임금인데 누군지는 알 수 없어요. 말의 요지는 이래요. 나같이 뛰어난 정치가를 등용하여 가까이 두지 않고, 만날 고만고만한 유세객들의 말에나 솔깃하니까 임금이 선정善政에 대한 마음이 있어도 펼칠 수 없다는 것입니다.

맹자의 현란한 논변

또 맹자 하면 떠오르는 건 현란한 언변입니다.

> 공도자公都子가 말했다. "외부 사람들이 모두 선생님더러 논변(논
> 쟁)을 좋아한다고 합니다. 감히 여쭙겠습니다만 어째서입니까?"
> 맹자가 말했다. "내 어찌 논변을 좋아하겠느냐. 부득이해서 그렇게
> 하는 것이다."[11 「등문공 하 9」]

당시에도 맹자는 외부 사람들로부터 언변이 뛰어나고 논쟁을 잘
한다고 평가를 받았어요. 그런데 논쟁을 잘한다는 말은 '말만 잘한
다'는 부정적인 어감이 있어요. 이를 맹자가 모를 리 없지요. "내가
어찌 논쟁 그 자체를 즐기겠느냐! 그들을 설득하려고 어쩔 수 없이
그런 거지."

인용문에서 생략된 다음 부분은 저 유명한 맹자의 역사에 대한
통찰, 즉 일치일란설一治一亂說입니다. 일치일란설은 맹자의 역사철
학이 담긴 언설인데, 요약하면 세상은 태평 시대가 극에 달하면 혼
란한 시대가 오고, 극도의 혼란이 지속되면 언젠가는 평화로운 시
대가 온다, 그게 무한 반복된다는 것입니다. 원문이 길어서 다 인용
하지는 못했지만 읽어 보면 진짜 말을 잘합니다. 맹자에 대한 당대
의 평가는 괜히 나온 말이 아닙니다.

맹자의 논변은 곰곰이 읽어 보면 일정한 틀이 있어요. 이게 『맹자』를 읽는 또 다른 맛입니다. 다음 글은 맹자의 전형적인 변론 방식이면서 그의 기상이 잘 드러나는 대목입니다. 임금 앞이라 하여 절대 기죽지 않고 당당하게 자신의 의견을 피력합니다.

맹자가 제선왕齊宣王에게 물었다. "왕의 신하 중에 자기 처자식을 친구에게 부탁하고 초나라에 사신으로 간 사람이 있다고 합시다. 돌아와서 보니 그 친구가 처자식을 추위에 떨고 굶주리게 하고는 나 몰라라 하였습니다. 만일 왕이 그 신하의 입장이라면 그 친구를 어떻게 하시겠습니까?" 왕이 대답했다. "그야 그런 친구와는 관계를 끊어야죠." 맹자가 물었다. "만약 장수가 군졸을 통솔하지 못한다면 어떻게 하시겠습니까?" 왕이 대답했다. "당장 그만두게 해야죠." 맹자가 물었다. "나라 안이 잘 다스려지지 않으면 어떻게 하시겠습니까?" 왕은 좌우를 둘러보며 딴소리를 했다.[12] 「양혜왕 하 6」

맹자는 우선 남이 옴짝달싹하지 못할, 그런 대답이 나올 수밖에 없는 질문으로 시작합니다. "왕의 신하 중에 자기의 처와 자식을 친구에게 부탁하고 멀리 초나라로 사신을 간 사람이 있다고 합시다. 그런데 그 신하가 돌아와 보니 그 친구가 자신의 처자식을 굶주리게 하고 보살피지 않았습니다. 왕께서는 그 친구를 어떻게 하시겠습니까?" 왕의 대답은 뻔하겠지요. 한방 먹인 겁니다. 잽을 달렸어요. 또 맹자가 묻습니다. "장군이 만일 그 휘하의 군졸을 잘 통솔하지 못한다면 왕께서는 그 장군을 어떻게 하겠습니까?" 또한 왕의 대답은 뻔하지요. 또 한방 먹였습니다. 이번엔 훅입니다.

그런데 왕은 아직 자신이 얻어맞고 있는지도 몰라요. 어느새 마지막 카운터펀치가 날아갑니다. "그렇다면 나라 안이 잘 다스려지지 않는다면 누구에게 그 책임을 물어야 합니까? 왕에게 물어야 하지 않겠습니까?" 왕은 할 말이 없죠. 왕의 KO패입니다. 왕이 그렇다고 다음과 같이 대답할 수는 없지 않은가요? "맹 선생님의 말씀이 지당하십니다. 제가 임금 자리를 그만두어야겠네요." 그러니 왕이 주위를 둘러보며 딴청을 피울밖에요.

맹자는 왕의 면전이라도 '착한 정치를 펼치지 못해 백성이 굶주리는 것은 전적으로 왕의 책임'이라고 당당하게 말할 수 있는 기개가 높은 인물이었습니다. 그러나 제나라 선왕이 그나마 괜찮은 왕이었기에 망정이지 그렇지 않았더라면 맹자의 혀가 남아나지 않았을지도 모릅니다.

유학의 수호천사

앞에서 우리가 보아 온 것처럼 맹자의 저 도도한 자존감은 어찌 보면 지나칠 정도입니다. 그런데 이를 맹자의 성격과 기질 탓으로

만 돌릴 수는 없어요. 맹자 스스로 공자의 후계자임을 자처했기 때문이에요. 말하자면 그는 유학의 수호천사를 자임했습니다.

정자程子가 말했다. "배우는 자는 반드시 때를 알아야 하니, 때를 알지 못하면 배움을 말할 수 없다. 안자(안회)가 누추한 마을에서 스스로 즐긴 것은 공자가 당시에 살아계셨기 때문이다. 그러나 맹자의 시대로 말하면 세상에 이미 공자 같은 분이 없었다. 그러니 맹자가 어찌 유학의 도를 홀로 떠맡지 않을 수 있었겠는가." 「맹자집주서설」

"공자가 살아계셨더라면 나 맹자는 안회처럼 누추한 마을에서 가난하게 살면서도 즐거워하며 묵묵히 도를 실천하며 조용히 살았을 것이다. 그러나 지금 공자 같은 스승이 없다. 어찌해야 하는가? 안회처럼 은거하며 자신을 수양하는 독선獨善으로는 우리 유학의 도道는 흔적 없이 사라질 게 뻔하다. 그러니 내가 목소리를 높여서 지나치달 정도로 사문(斯文: 유학)을 역설해야 하지 않겠는가?" 이게 맹자의 생각이었습니다.

맹자는 공자를 시조로 하는 유학의 도도한 흐름이 어느덧 공자 사후 100년 만에 거의 끊기고 말겠다는 위기감을 느꼈습니다. 그러니 공자의 후계자임을 자처하는 맹자로서는 때론 비현실적으로 들릴 만큼 자신의 주장을 도도하게 펼 수밖에 없었겠지요.

『맹자』라는 책과 사상

『맹자』 하면 어떤 이미지가 떠오르나요? 호랑이가 담배 피우던 시절 이야기? 고리타분하고 어딘가 답답하고 퀴퀴한 냄새가 나는 옛날 이야기? 그렇게 생각해도 무리가 아니에요. 왜냐하면 2000년도 넘은 책이잖아요. TV쇼 진품명품에 나오는 골동품도 어지간해서는 몇백 년을 넘지 않던데 무려 2000년이라니! 그리고 지금처럼 스마트한 시대에 사극에 나오는 주막의 창호지 정도로 쓰였을 그런 책을 읽어서 무얼 한단 말이야? 뭐 이런 질문이 나올 법도 합니다.

『맹자』, 멀고도 가까운 이야기

여기에 대한 저의 대답은 소박합니다. 『예기禮記』「내칙內則」에 "아이가 밥 먹을 줄 알거든 오른손으로 숟가락을 잡도록 가르쳐라."라는 구절이 나옵니다. 후대 학자는 이를 편리함 때문이라고 설명했어요. 오른손을 써야 편리했겠지요. 조선 시대를 포함한 이전 시대 사람들은 붓으로 글을 썼는데, 오른쪽에서 왼쪽으로 써 내려갔으니까 아무래도 왼손잡이는 불편했을 겁니다.

그러나 이 단순한 차이가 차츰 차별을 낳았죠. 옳은 손(오른손)과 그른 손(왼손)이 되어 버렸거든요. 여기서 제가 말하고 싶은 것은 면면히 이어져 온 전통 혹은 인습에 대한 호불호가 아니라 그것들의 무서운 생명력입니다. 우리는 의식하든 그렇지 않든 간에 전통의 영향 아래 살아요. 그게 한 사회의 문화를 형성하고 학생들은 그 문화를 교양으로 배우고 내면화하면서 그 사회의 구성원이 돼요.

『맹자』의 사상이 우리 역사에 끼친 영향력은 이만저만하지 않고, 이걸 규명하는 것은 제 능력을 넘어서는 일입니다. 대략 큰 것만 짚어 보자면, 조선을 건국하는 데 가장 큰 역할을 한 정도전鄭道傳은 『맹자』의 역성혁명易姓革命론에서 왕을 몰아내는 반정(反正: 옳지 못한 임금을 폐위하고 새 임금을 세워 나라를 바로잡음)의 명분을 찾았어요. 조선의 학생들에게 『맹자』란 요즘의 EBS 교재 같은 수험서였고, 선비들에겐 글의 문리(文理: 문장의 구조와 논리)를 파악하는 최적의 경전이었으며 더 나아가 글쓰기의 전범이었습니다.

오늘날 『맹자』는 이런 영향력을 상실한 지 오래입니다. 그러나 의식하지 못하지만, 『맹자』는 우리가 쓰는 일상의 언어 속에 고스란히 살아 숨 쉬고 있어요. 예를 들어 볼까요? 사람이 태어나 죽을 때까지 듣는 단어가 있어요. 여러분과 제가 다니는 학교에서 하는 일이 이겁니다. 이것은 인간과 동물을 가르는 큰 기준이고 인류 문명 발달의 원천이기도 합니다. 뭘까요? 바로 교육敎育입니다. 교육이란 말은 『맹자』가 그 출전입니다. 다른 예도 차고 넘칩니다.

> 오십보백보五十步百步, 연목구어緣木求魚, 방심放心, 무항산무항심無恒産無恒心, 환과고독鰥寡孤獨, 여유작작[綽綽然有餘裕], 교육敎育, 양심良心, 생활生活, 선생先生, 농단壟斷, 대장부大丈夫, 불감청고소원不敢請固所願, 자포자기自暴自棄, 교제交際, 조심操心, 거벽巨擘, 사숙私淑, 불원천리不遠千里, 호연지기浩然之氣, 사이비似而非 등

위에 열거된 성어를 거의 다 들어 보았겠죠. 의미가 통하지 않더라도 글을 한 번 지어 볼까요?

학교에 가면 '선생'님이 계시고 너는 '교육'을 받는다. 수업 시간에 '방심'하면 혼이 난다. '조심'해야 한다. 사람은 목표를 세워야지 '자포자기' 하면 안 된다. '양심'에 비추어 거짓을 행하면 곤란하

다. 사나이는 '대장부'처럼 행동해야 한다. 좋은 벗이라면 '불원천리'하고 '교제'해야 한다. 학교 귀퉁이에서 담배를 피우는 놈이나 망을 봐주는 놈이나 '오십보백보'다. 노력하지 않고 꿈만 크게 가지는 일은 '연목구어'나 마찬가지다. 떳떳한 '생활'을 하려면 '항산'이 있어야 한다. 그렇지 않으면 '항심'이 없어진다. '여유작작' 하지 말라. '독거 노인'들을 잘 대우해야 한다. 대통령의 측근인 권력 실세가 국정을 '농단'하고 있다. 사람은 '사숙'하는 인물이 있어야 하고, '호연지기'를 잘 길러야 한다. 그래야 그 분야의 '거벽'이 된다. 사람다운 사람이 되어야지 '사이비'가 되어서는 안 된다.

어떤가요? 무려 2300년 전 맹자의 사상이 담긴 『맹자』가 우리 삶과 동떨어진 책이 아니란 걸 실감하겠죠. 『맹자』는 오래된 책이지만, 낡고 쓸모없는 책이 결코 아닙니다. 우리의 일상에 오롯이 녹아 있는 책이기에 그렇습니다.

책 내용을 본격적으로 소개하기 전에 재미난 이야기부터 시작하려 합니다. 저한테는 재밌는데 여러분에겐 어떨지요?

제비는 『논어』를 읽고, 개구리는 『맹자』를 읽는다

유학의 나라 조선에서 그 시조로 추앙하는 공자의 『논어』를 얼마나 많은 사람이 밤잠을 설쳐 가며 읽었을까요? 그야말로 동해물과 백두산이 마르고 닳도록 읽었겠지요. 『논어』에 "아는 것을 안다고 하고 모르는 것을 모른다고 하는 것, 그게 바로 아는 것이다.〔知之爲 知之 不知爲不知 是知也〕"(「위정爲政」)라는 구절이 있어요. 음만 소리 내어 빠르게 읽어 볼까요? '지지위지지 부지위부지 시지야.' 이걸 옛 사람들은 제비가 지저귀는 소리로 들었답니다. 제비가 '지지배배, 지지배배' 하고 울잖아요. 한갓 미물인 제비도 『논어』를 열심히 읽고 공부한다고 했던 겁니다. 옛사람들의 위트죠.

이에 뒤질세라 『맹자』와 관련해서도 비슷한 이야기가 전합니다. "홀로 음악을 즐김과 많은 이와 음악을 즐김 중에 어느 것이 더 즐거운가?〔獨樂樂 與衆樂樂 孰樂〕"(「양혜왕 하 1」)라는 구절이 있어요. 음으로 읽으면 '독락악 여중락악 숙락'이 됩니다. 이 또한 개구리 우는 소리 '개굴개굴'로 들었던 모양이에요. 까마귀 소리 '까악까악'으로 들었던 듯도 하고요. 저도 처음엔 까마귀 소리와 비슷한데 왜 이걸 개구리 소리라고 했을까 하는 의문을 가졌는데, 최근에 개구리 우는 동영상을 찾아보니 놀랍도록 소리가 비슷하더군요. 이익李瀷의 『성호사설星湖僿說』과 유몽인柳夢寅의 『어우야담於于野譚』에 나오는 내용입니다.

가장 좋은 책 읽기는 실제 그 작품을 읽는 것입니다. 그게 어렵다면 옛사람들의 독후감을 읽어 보는 것도 나쁘지 않아요. 좋은 길잡이가 되니까요.

양씨가 말했다. "『맹자』라는 책은 단지 사람의 마음을 바로잡는 것이 핵심인데, 그래서 사람들로 하여금 마음을 보전하고 본성을 길러서 그 달아난 마음을 찾아 들이려 하였다. 인의예지를 논하는 대목에서는 측은, 수오, 사양, 시비의 마음을 가지고 그 인의예지의 단서로 삼았다. 사설(邪說: 올바르지 않은 주장, 즉 유학을 제외한 주장)의 해로움을 논하는 대목에서는 사설이 마음에서 나와 그 정치를 해친다고 하였다. 임금을 섬기는 데 대해 논한 대목에서는 임금의 잘못을 바로잡아야 하니, 한 번 임금을 바로잡으면 나라가 안정된다고 하였다. 천 가지와 만 가지의 변화는 단지 마음을 따라오는 것이기에 사람이 마음을 바로잡을 수 있다면 특별한 노력을 할 것이 없게 된다." 「맹자집주서설」

여기서 양씨는 양시楊時를 말합니다. 『맹자집주』를 쓴 주희의 스승이에요. 요지를 간추리면 이렇습니다. 『맹자』는 우선 '마음'에 관한 책이고, 사람의 잘못된 마음을 바로잡는 것이 그 핵심이라는 거죠. 맹자가 살았던 시대의 문맥으로 보면 '사람'은 그가 유세했던 제후들이겠지요. 제후들이 인정仁政을 펼치려는 마음을 가지면 나라가 잘 다스려지고, 그러기 위해서 신하는 임금의 잘못된 마음을 바로잡아야 한다는 것입니다. 특히 주목할 것은 마음에 확고히 자리잡고 있는 네 가지 덕인 사덕四德과 이를 기르기 위한 방법인 사단四端에 관한 이론을 펼쳤다는 점입니다. 맹자 인성론의 핵심이 바로 사단이죠.

정자가 또 말했다. "맹자가 성문(聖門: 공자의 유학)에 공이 있음은 이루 다 말할 수가 없으니, 중니(공자의 자字)는 단지 한 개의 인仁 자를 말하였는데, 맹자는 입을 열면 인의仁義를 설하였고, 중니는 단지 한 개의 지志 자를 말하였는데, 맹자는 곧 많은 양기養氣를 설 하였으니, 단지 이 두 글자[義, 氣]는 그 공이 매우 많다." 「맹자집주서설」

주희가 사숙(私淑: 직접 가르침을 받지 않지 않았지만 그 사람의 저서나 작 품을 등을 통해 본받아 배우는 것)한 스승 정이는 유학에서 맹자의 공로 를 공자와 비견하여 그 특징을 말하고 있어요. 공자가 인仁을 강조 했다면 맹자는 의義를 덧붙여 인의를 강조했고, 공자가 지志를 말했 다면 맹자는 기氣, 즉 호연지기를 말했다는 거죠.
양시와 정이의 말에서 『맹자』를 읽는 주요 독법과 키워드를 발견 할 수 있습니다.

맹자 사상의 토대는 무엇인가요?

김 샘

오늘은 '고전 읽기 동아리'에서 『맹자』를 읽고 이야기를 나누어 보려고 합니다.

선생님, 많은 고전 가운데 『맹자』를 고르신 이유가 뭔가요?

윤서

김 샘

두 가지예요. 첫째는 맹자가 인간을 사랑[仁]과 정의[義]의 존재로 규정했기 때문이에요. 사랑은 타인의 아픔을 안타까워할 줄 아는 공감 능력이고, 정의는 옳음에 대한 자각 능력입니다. 저는 우리 사회의 시급한 문제가 '능률과 경쟁의 시대'를 마감하고 '공감의 시대'로 과감하게 전환해야 하는 것이라고 생각해요. 개인의 능력도 중요하지만 타인과 소통하는 능력이 중요한 시대죠. 그런 점에서 맹자의 생각은 낡은 발상이 아니라 우리가 곱씹어 볼 통찰로 가득 차 있죠. 둘째는 '어떤 삶이 좋은 삶이냐?'에 대한 물음입니다. 맹자는 자신을 성장시키는 일과 따뜻한 공동체를 만드는 일이 둘이 아니라고 여겼어요. 개인의 좋은 삶은 국가의 좋은 정치와 뗄 수 없어요.

머지않아 우리 사회를 이끌어 갈 청소년들이 한 번
쯤은 고민해 봐야 할 문제라고 생각해요.

윤후

『윤리와 사상』이란 과목을 배우면서 들어 보긴 했는
데, 맹자 하면 '성선설'만 떠올라요. 자子가 존칭이라
고 하셨는데, 그렇다면 '맹자왈孟子曰'은 '맹 선생님이
말씀하셨다'가 되잖아요? 어째서 맹자의 이름을 써
서 '맹가왈孟軻曰'이라고 하지 않고 '맹자왈'이라고 했
나요?

김 샘

좋은 질문이군요. 그건 맹자를 '선생님'으로 모시는
제자들이 이 책을 만들었다는 것을 의미해요. 사마
천의 기록에 따르면, 맹자는 말년에 제자인 만장의
무리와 함께 『맹자』 7편을 지었다고 해요.

윤서

아! 그렇군요. 그럼 『한비자』나 『묵자』, 『순자』, 『노자』
같은 책도 제자들에 의해 만들어졌겠군요.

김 샘

맞아요. 역시 우리 동아리 부원들은 똑똑해요.

윤후

우리 사회는 겸손을 미덕으로 여기잖아요. 맹자처럼
행동하면 미운털이 박히지 않을까요?

김 샘

맹자는 조선 시대 학자 사이에서도 까칠하다고 평가받은 모양이에요. 조선 후기의 관료이자 학자인 연천淵泉 홍석주洪奭周가 쓴 『학강산필鶴岡散筆』에 보면, 맹자를 율곡 이이에, 공자의 수제자 안회를 퇴계 이황에 빗댄 언급이 있어요. 당시의 학자들 사이에서는 공통된 의견이 아니었나 싶어요. 퇴계 선생이 후덕한 인물이었던 반면에, 율곡 선생은 꼬장꼬장 했거든요. 5000원권 지폐에 나오는 율곡 이이와 1000원권 지폐에 나오는 퇴계 이황 말이에요.

윤서

맹자를 이이, 안회를 이황에 빗댄 것은 그저 성격을 비교한 건가요?

김 샘

그렇다기보다 퇴계를 율곡보다 높이 평가했다는 말이자 맹자가 안회보다 한 수 아래라는 말이에요.

윤후

자기주장이 너무 강하면 타인들과 충돌이 잦았을 것 같아요. 저는 내성적인 편인데 같은 반에도 성격이 센 친구가 있어요. 어떨 때는 그런 친구가 부럽기도 하지만 너무 자기만 내세우지 않나 하는 생각이 들기도 해요.

김 샘

그렇죠. 모든 건 양면성이 있어요. '카리스마' 넘치는 친구는 좋게 보면 소신이 뚜렷한 거고, 나쁘게 보면 독선적인 거죠. 어떤 조직이든 이런 인물이 있어요. 만일 현실에서 맹자라는 인물을 만났다면 '밥맛 떨어지는 스타일'일 수도 있겠죠. 저만 잘났다고 떠들고 남을 무시하는 경향이 살짝 있거든요. 흔히 인간의 성격을 '내향형'과 '외향형'으로 구분하는데, 이는 카를 융Carl Gustav Jung이라는 정신분석학자가 내세운 이론이에요. 그렇지만 인간에겐 두 경향이 섞여 있어요.

윤서

저는 맹자가 굉장히 순수한 분일 거라는 생각을 많이 했어요. 그런데 선생님이 말씀하시는 맹자를 보면 약간 '뒤끝'이 있는 인물로 보여요.

김 샘

아, 그렇게 느꼈군요. 그건 맹자가 자신의 감정을 숨기지 않았다는 뜻이에요. 저도 윤서의 의견에 동감해요. 맹자는 자신의 주장이 분명해요. 다소 현실성이 떨어지는 면이 있었다 해도 책을 읽을수록 맹자의 순수한 마음이 느껴져요. 그리고 맹자는 무지무지 자존심이 강했어요. 자존심 강한 사람들이 의외로 순진할 때가 많아요.

윤후

저는 다소 엉뚱한 생각을 했는데요. 이것도 질문해도 될까요?

김 샘

무엇이든 물어보세요.

어떻게 하면 맹자처럼 말을 잘할 수 있을까요?

윤후

김 샘

글쎄요. 하하! 국어 수업 시간에 발표를 시켜 보면, 차분하게 잘하는 학생이 있는가 하면 발표하기 전부터 얼굴이 홍당무가 되는 학생이 있어요. 비결이라면 연습이겠죠. 말하기 능력은 결코 타고나지 않아요. 거울 앞에서 계속 연습을 해 보세요. 분명 달라집니다. 맹자의 말솜씨에 관한 비결을 딱 하나만 꼽자면, 맹자가 『시경』과 『서경』에 정통했다고 했잖아요. 결국 말을 잘한다는 것도 적절한 상황에 맞춤한 글을 인용하는 능력에 달렸다고 생각해요. 자신의 생각을 효과적으로 전달하기 위해서는 여전히 독서가 가장 위력적이겠지요. 저는 그렇게 생각합니다.

1부의 제목을 '토양'이라 지으신 이유는 뭔가요?

윤후

김 샘

역시 좋은 질문이에요. 저는 『맹자』라는 책을 나무의 사상으로 파악했어요. 나무가 땅에서 자라잖아요. 마찬가지로 맹자라는 인물도 전국 시대라는 토양에서 자랐어요. 어떤 인물을 파악하려면 그 시대의 배경을 잘 알아야 해요. 우리는 늘 현재의 관점에서 과거

를 보려는 지독한 편견이 있어요. 어쩔 수 없는 측면
이 있지만, 한 사람을 이해하려면 일단은 그가 살았
던 시대에 대한 배경지식을 쌓지 않으면 안 되죠. 인
간은 누구나 그 시대의 자식이에요. 맹자 같은 사람
도 그 시대의 한계 속에서 살면서 모순을 파악하고
당대 현실을 바꾸려 한 겁니다.

윤서

그러면 본문에 나오는 『맹자』의 대목, "땅을 빼앗으
려고 전쟁을 하여 시체가 들판에 가득하고, 성城을
빼앗으려고 전쟁을 하여 시체가 성에 가득하다."(「이
루 상 14」)라는 구절은 상상으로 쓴 것이 아니겠네요.

김 샘

예, 맞아요. 맹자가 직접 목격한 현실이에요. 얼마나
비참했을까요? 맹자는 그런 시대적 배경과 아픔에
대안을 제시하려 했어요. 자, 그럼 맹자가 어떤 대안
을 제시했는지 『맹자』를 읽으면서 하나씩 살펴보도
록 해요.

2부
—

씨앗과
뿌리

: 인성론

공감의 눈으로 세상을 보라

사람의 손가락이 왜 열 개인지 궁금하게 여긴 적 있나요? 함민복 시인은 "어머니의 배 속에서 몇 달 은혜 입나 기억하려는 태아의 노력"이라고 했죠. 시의 제목을 기발하게도 '성선설性善說'로 붙였어요. 맹자의 성선설을 모티프로 삼았겠죠.

인간의 본성이 선한가요, 악한가요? 쉽게 답할 수 있는 문제가 아니죠. '닭이 먼저냐, 알이 먼저냐?'처럼 어려운 질문이에요. 왜냐하면 한쪽에는 남의 목숨을 구하려고 지하철에 뛰어든 의로운 사람이 있는가 하면, 다른 쪽에는 때로는 목숨보다 소중한 남의 인격을 무참히 짓밟는 '갑질'을 해대고, 이도 모자라 돈 몇 푼에 남의 목숨을 해치는 인간이 있기 때문이죠. 이쪽에서 착한 사람의 예를 들면,

다른 쪽에서는 나쁜 놈들의 예를 무수히 댈 테죠. 결국 순환논법에 빠지고 맙니다.

그런데 맹자는 인간의 본성이 선하다는 쪽에 손을 들어 주었습니다. 이른바 성선설을 주장했죠. 맹자라고 나쁜 '놈'들을 보지 않았을까요? 특히나 당시는 살벌한 전쟁의 시대였기에 잔인무도한 인간들이라면 손가락 발가락을 다 써도 헤아리지 못할 정도였어요.

맹자는 인간의 본성에 관한 한 경험적 사실이 중요하다고 보지 않았어요. 인간이 선할 가능성을 마음속에 본래 갖추고 있다는 점에 초점을 맞추었죠. 그 '가능성'에 대해 종교와도 같은 확고한 믿음을 가지고 있었습니다. 그의 성선설은 '인간은 본래 착하게 태어났다'라는 '진리'의 선언이 아니라, '인간은 착할 가능성을 본래 가지고 태어났다'라는 '신념'을 표방한 것으로 이해해야 합니다.

맹자의 후세대인 순자(荀子 : 순황荀況)는 성악설性惡說을 주장했죠. 순자가 인간이 악하게 될 가능성을 미리 학문과 예禮를 통해 다스릴 것을 주장했다면, 맹자의 성선설은 인간의 선함을 부각하고 배양하려 했어요. 왜 인간의 추악한 면을 자꾸 들추어내려는가? 인간의 고귀한 면을 보아야지! 맹자의 생각은 그랬습니다.

맹자의 인성론

죄 없는 동물에겐 미안한 말이지만, 맹자는 사람만의 특성을 동물과의 구별에서 찾았어요. 인간만이 가진 특성이 뭘까요? 사람이나 동물이나 생명의 보존 욕구는 별반 차이가 없어요. 미세한 차이가 있다면 인간이 동물에게는 발견할 수 없는 도덕적 선함을 지녔다는 점이지요.

맹자는 인간만이 타고난 도덕심을 발휘할 수 있고, 그 근거가 사랑(仁)과 의로움(義)이라고 보았습니다. 보통 사람은 도덕심을 잘 보전하지 못하고 때로는 헌신짝처럼 버리기도 합니다. 먹고살기 바쁜데 무슨 사랑이며 의로움 타령인가? 인간의 도덕성을 보증하는 사랑과 의로움을 등한시하다가 짐승과 같이 될 것인가? 사랑과 의로움을 완전히 내 몸에 체득한 뒤 이를 실천하여 군자와 성인의 경지에 이를 것인가? 맹자는 인간은 늘 이런 갈림길에 서 있다고 보았어요.

인간을 도덕심을 지닌 존재로 보았던 맹자는, 보통 사람이든 군자든 사람인 이상 근본적으로 선할 수 있는 바탕을 지녔다는 점을 증명해야 했어요. 보통 사람이라도 인간다움을 실현할 수 있는 가능성을 지니고 있어야 하죠. 그러나 토대가 있다 해서 그걸 그냥 방치해 둔다면 어찌 되는가? 맹자는 금방 짐승으로 타락한다고 생각했어요.

"인간은 행동에 일정한 경향이 있는데, 먹기를 배불리 하고 옷을 따뜻하게 입으며 편하게 지내기만 하고 가르침이 없으면 짐승에 가까워진다. (요순 같은) 성인이 이런 점을 근심하여 설契에게 사도 司徒라는 직책을 맡겨 인간이 지켜야 할 윤리를 가르치도록 하셨다. 아버지와 자식 사이에는 사랑이 있고, 임금과 신하 사이에는 의리가 있고, 부부 사이에는 분별이 있고, 어른과 아이 사이에는 차례가 있고, 친구 사이에는 믿음이 있어야 한다는 것이다."[1] 「등문공 상 4」

가능성은 가능성일 뿐 실제는 아니지요. 생존 욕구를 충족시키느라 급급한 짐승으로 타락하지 않기 위해 인간은 노력하지 않으면 안 되는 존재예요. 어떤 노력을 해야 하는가? 맹자는 오륜五倫, 즉 부자유친父子有親, 군신유의君臣有義, 부부유별夫婦有別, 장유유서長幼有序, 붕우유신朋友有信을 실천해야 한다고 말합니다.

어린 아이가 우물로 기어들면

맹자는 성선설을 주장하기 위해 그 유명한 '유자입정孺子入井'을 근거로 들었습니다. 즉 '어린아이가 우물로 기어서 들어간다'는 상황을 설정했어요. 일종의 심리 실험이죠.

"사람이라면 누구든 남에게 차마 하지 못하는 마음이 있다. 지금 어떤 사람이든 어린 아이가 우물에 들어가려는 것을 보기만 해도 모두 뭉클하고 측은한 마음이 생길 것이다. 이것은 구해 준 인연으로 어린 아이의 부모와 교제를 트기 위해서가 아니다. 아이를 구했다고 마을 사람이나 친구들에게 칭찬을 들으려고 해서도 아니다. 구하지 않았을 때 남에게 잔인하다는 비난을 듣기 싫어서 그런 것도 아니다. 이를 통해 살펴보면 측은해하는 마음이 없으면 사람이 아니고, 부끄러워하는 마음이 없으면 사람이 아니며, 사양하는 마음이 없으면 사람이 아니고, 시비를 가리는 마음이 없으면 사람이 아니다."[2]「공손추 상 6」

맹자는 사람에게는 누구나 착한 마음이 있다고 하면서, 이를 '불인인지심不忍人之心'으로 표현했어요. 즉 '남에게 차마 하지 못하는 마음'이란 뜻으로 측은지심惻隱之心과 같다고 보면 됩니다. 우리 속담에 '웃는 낯에 침 못 뱉는다'라는 게 있잖아요. 인간이라면 아무리 상대방이 미워도 환하게 웃는 얼굴에 차마 침을 뱉을 수는 없지요. 이런 마음이 모든 인간에게 있다는 것을 입증하기 위해, 맹자는 치밀한 논리적 사유를 펼치기보다는 어떤 상황을 설정한 후 '심리적 반응'을 통해 주장의 설득력을 높이려 했어요.

이제 겨우 걸음마를 뗀 아이가 아장아장 걸어 우물로 기어들어 갑니다. 아이는 아직 자신의 행동이 어떤 결과로 나타날지 몰라요.

그때 누군가 이 장면을 보았다고 해 보죠. 어떤 사태가 일어날지 인식한 그는 거의 본능적으로 아이를 구하려고 뛰어갈 겁니다. 달려가는 그 '순간'에는 아이를 건져서 그 부모에게 보상을 받겠다는 이해와 타산의 마음도, 동네 사람에게 칭찬을 받겠다는 명예심도 생기지 않겠죠. 아이의 위험에 대한 자각과 살려야만 한다는 순수한 마음만이 존재할 뿐입니다. 그러한 순식간의 순결한 마음과 실제 아이를 건지는 행동 사이에는 눈을 떴다 감을 정도의 시간적 간격도 없어요.

누구든 그러한 광경을 보면 뭉클한 감정이 생기지 않겠는가? 맹자는 이런 상황에서 자연스레 생기는 '측은지심'이야말로 인간의 선함을 입증해 주는 명확한 예라고 확신했어요. 여기서 측은지심은 수오지심, 사양지심, 시비지심을 포괄하는 대표 개념인데 마치 인이 의와 예와 지를 포함하는 것과 같습니다.

맹자는 인간에겐 '공감' 능력이 있다고 봤어요. 공감(共感, empathy)은 동정(同情, sympathy)과 다릅니다. 수동적인 입장의 동정과 달리, 공감은 적극적인 참여를 의미해요. 즉 관찰자가 기꺼이 다른 사람의 경험에 대한 느낌을 공유한다는 뜻을 갖습니다. '거울 뉴런mirror neurons', 즉 거울신경세포에 대해 들어 보았나요? 뇌과학 연구에 따르면, 인간은 타인이 어떤 행동을 할 때 보고 있기만 해도 자신이 행동할 때와 똑같은 뇌의 부위가 움직인다는군요. 가령 타인이 손을 드는 걸 보면 자신이 손을 들었을 때와 같은 부위의

뇌가 작용한다는 거예요. 인간에겐 공감적 반응에 대한 유전적 특성이 있다는 뜻입니다. 인간에겐 누구나 측은지심이 있다는 맹자의 통찰을 현대의 심리학과 과학이 입증한 셈이에요.

네 개의 씨앗으로부터

우물에 기어들어 가려는 아이를 보았을 때 불쌍히 여기는 감정이 측은지심이죠. 그런데 이것이야말로 인간이 선할 가능성을 가지고 있다는 근본적 단서입니다. 맹자는 그 단서＝실마리는 하나이되 사람이 처한 상황에 따라 각기 다른 실마리, 즉 수오지심, 사양지심, 시비지심으로 나뉘어 작용한다고 보았습니다.

> "측은해하는 마음은 인의 단서이고, 부끄러워하는 마음은 의의 단서이며, 사양하는 마음은 예의 단서이고, 시비를 가리는 마음은 지의 단서이다. 이 네 가지 단서를 가지고 있는 것은 사람이 팔과 다리 네 개를 가지고 있는 것과 같다."[3] 「공손추 상 6」

인간이 선할 가능성이 농후하다는 구체적인 증거로 네 가지 단서를 들었습니다. 비유하면 인간의 마음이라는 밭[心]에 네 개의 씨앗이 뿌려져 있는 것과 같아요. 측은해하는 마음, 부끄러워하는 마음,

사양하는 마음, 시비를 가리는 마음이 그것입니다. 그래서 사단四端이죠. 단端이 바로 실마리란 뜻입니다. 실마리는 실을 감아 놓은 실꾸러미의 맨 마지막에 감기지 않고 뾰족하게 남은 실을 말하는데, 이것을 당기면 전체 실이 술술 다 풀려 나오죠. 그래서 사물의 핵심을 찾아가는 매개물을 뜻해요. 그리스 신화에 아리아드네가 미노타우로스를 물리치러 미궁迷宮 속으로 들어가는 테세우스에게 붉은색 실 뭉치를 주면서 나중에 그 실을 따라 빠져나오라고 하죠. 그 실과 같다고 할까요? 측은지심과 같은 감정을 실마리로 삼아서 가다 보면 인의예지라는 인간다움의 덕德을 만난다는 발상이지요.

맹자가 사단을 성선의 증거로 든 것은 단端에서 '씨앗'의 모습을 보았기 때문이에요. 씨앗은 기본적으로 가능성을 상징합니다. 땅을 파서 거기에 씨앗을 심어 두면 그 씨앗은 땅에 뿌리를 내리고 그 뿌리는 우물과 샘물에서 자양분을 빨아들여 땅 위로 싹을 틔우고 가지와 잎을 돋게 하고 마침내는 꽃과 열매로 결실을 맺을 겁니다.

그래서 우리는 사단과 인의예지의 관계를 씨앗과 열매로 유추할 수 있습니다. 요약하면 이렇습니다. 네 가지 선한 감정은 인간의 마음속에 있는데, 비유하면 땅 아래 감추어져 있는 씨앗과 뿌리입니다. 인의예지는, 인간의 이런 착한 마음을 바탕삼아 인간의 사회적 관계라는 땅 위에 꽃과 열매로 실현되어야 할 가치로 볼 수 있어요.

개인적 차원에서 보면 꽃과 열매는 인의예지라는 인간다움의 획득, 다시 말해 훌륭한 개인으로 성장하는 일이지만, 이를 사회적 차원에서 보면 왕도 정치의 실현으로 볼 수 있어요. 앞서도 말했지만 맹자에게 개인의 훌륭한 삶과 공동체의 선한 정치가 둘이 아니었습니다. 맹자 사상의 구도는 한 그루의 나무가 성장하는 과정에 비유할 수 있습니다.

맹자는 인간에게 팔다리가 있는 것처럼 누구나 사단을 가지고 있다고 했어요. 사단이라는 바탕이 있어서 인의예지를 외부에 실현할 수 있는 가능성이 있다고 보았지요. 맹자의 말을 그저 현실성 없는 낙관론으로만 볼지도 모르겠네요. 하지만 맹자는 후천적 노력도 결코 무시하지 않았어요. 정리하자면, 맹자가 인간의 성선에 대한 가능성을 확신한 것은 그러한 능력이 인간 내부에 존재한다고 천명함으로써 인간의 자발성과 능동성을 이끌어 내기 위해서였습니다.

씨앗에서 가지와 줄기로, 꽃과 열매로

그러나 이 도덕적 감정(四端)들은 가능성의 단계일 뿐입니다. 사단은 씨앗이자 씨앗 속에 내장된 DNA라고 할 수 있어요. 콩의 씨앗이 콩이란 열매로 자라게 되어 있는 것처럼, 측은지심이 최종적으로 인이란 결실로 마무리되는 것입니다. 하지만 씨앗은 가능성일 뿐 실제 열매로 자라느냐의 여부는 개개인의 후천적 노력으로 결정될 수밖에 없습니다.

"무릇 나에게 있는 이 네 가지 실마리를 모두 확충해 나갈 줄을 알면, 마치 불이 처음 활활 타오르고 샘물이 처음 콸콸 솟아 나오는 것과 같을 것이다. 진실로 이 네 가지 실마리를 확충해 나간다면 천하라도 보존할 수 있겠지만 확충해 나가지 못한다면 부모조차도 섬길 수 없다."[4] 「공손추 상 6」

맹자는 후천적 노력을 '확충擴充'이라고 표현했어요. 단초에 불과한 선한 정감을 마음 전체로 가득 채워 그것을 외부로 확장해 가는 것을 말하죠. 사단이 확충되는 것을 비유하며, 불이 처음[始] 타오르는 것과 같다고 표현했죠. 맹자는 인간이면 누구나 가지고 있는 네 가지 선한 감정인 사단을 잘 길러 확충하기만 한다면 성인聖人도 될 수 있다고 생각했어요. 맹자는 위정자(爲政者: 정치를 하는 사람)가 이 사단을 확충한다면 어진 정치가 가능해지고, 혼란하고 잔인한 전쟁의 시대도 끝난다고 확신했습니다.

악은 어디에서 오는가

그러나 맹자의 바람과는 반대로 악은 도처에 널려 있지 않습니까? 인간이 행하는 악은 어떻게 설명할 수 있을까요? 성선설을 명확히 이해하기 위해서는 이 점을 해명하지 않으면 안 됩니다. 성선설을 자칫 '인간 본성은 선하다'는 말로 해석하는 순간, 세상에 널려 있는 악을 설명할 수 없게 되니까요. 그래서 저는 맹자의 성선설을 '인간의 선할 가능성'으로 해석해야 한다고 생각합니다.

> 맹자가 말했다. "풍년에는 자제들이 넉넉하여 착해지고, 흉년에는 자제들이 궁핍하여 포악해진다. 이는 하늘이 내려 준 자질이 다른 것이 아니라 풍년과 흉년이 마음을 그렇게 만든 것이다. 지금 보리를 파종하고 씨앗을 덮는다고 하자. 그 땅이 같고 심는 시기도 같으면 쑥쑥 자라서 하지夏至에 이르러 모두 익는다. 그러나 그 수확물의 많고 적음에 차이가 있기 마련인데, 이는 땅이 비옥하고 척박한 차이, 비와 이슬이 내려 길러 준 차이, 사람의 노력의 차이가 있었기 때문이다."5 「고자 상 7」

인간이 선할 가능성을 매우 많이 가지고 있어도 악이 넘쳐 나는 것은 무엇 때문일까요? 맹자는 그 이유를 사회적 조건에서 찾았습니다. 인간은 선한 바탕이 있지만, 물질적 토대에 따라 인간을 선으로도 악으로도 이끌 수 있다는 거예요. 젊은 사람들이 풍년에는 물질적으로 풍요하여 선한 마음을 내지만, 흉년에는 궁핍하여 포악해진다고 했습니다. 그러니 인간의 선할 가능성을 확충하기 위해 조세제도를 경감하는 쪽으로 개혁하고 농사철에는 부역이나 전쟁을 일으키지 않는 제도적 뒷받침이 필요해요.

맹자는 풍년과 흉년에 따라 흔들리는 인간의 욕망 자체를 부인하지 않았습니다. 흉년이라는 상황이 인간을 악한 쪽으로 이끌 수 있다고 인정하고, 어쩌면 그것이 인간의 자연스런 경향일지도 모른다고 내심 수긍합니다. 그러나 그것이 본래 인간의 민낯이 아니라는 점을 힘주어 강조하고 있어요.

공도자가 물었다. "모두 같은 사람인데, 어떤 이는 훌륭한 사람이 되고 어떤 이는 보잘것없는 사람이 됩니다. 어째서입니까?" 맹자가 말했다. "그 대체(마음)를 따르는 사람은 훌륭한 사람이 되고, 그 소체(이목 혹은 감각)를 따르는 사람은 하찮은 사람이 된다." 공도자가 물었다. "모두 같은 사람인데, 어떤 이는 대체를 따르고 어떤 이는 소체를 따릅니다. 어째서입니까?" 맹자가 말했다. "귀와 눈과 같은 감각 기관은 생각을 하는 기능이 없어서 사물에 현혹된다. 눈과 귀라는 감각 기관은 몸밖의 사물과 접하면, 그 사물 때문에 눈과 귀라는 감각 기관이 제대로 작동하지 않는다."6 「고자 상 15」

착한 씨앗이 제대로 성장하지 못하는 원인은 사회적 환경뿐만이 아닙니다. 인간의 감각적 욕망 탓도 크다고 보았죠. 인간의 감각 기관은 외물을 접하면 외물에 현혹됩니다. 견물생심見物生心, 즉 귀한 물건을 보면 가지고 싶은 마음이 생긴다고 하지 않던가요? 인간의 욕망은 사람의 본마음을 가립니다. 맹자는 욕망의 지배를 받는 순간, 싹을 틔우고 열매를 맺으려는 우리의 노력이 물거품이 되고 만다고 경고합니다.

나무의 처음을 기억하라

일찍이 제齊나라 동남쪽의 우산牛山에 울창한 숲이 있었어요. 그런데 우산은 강대국인 제나라 근처에 있었기 때문에 토목 공사를 하느라, 전쟁을 벌이느라 도끼와 자귀(나무를 깎아 다듬는 연장)로 모두 베어져 민둥산이 되고 말았지요. 그런 상황에서 어찌 그 아름다운 숲이 보존될 수 있겠습니까? 간혹 밤낮으로 비와 이슬이 적셔주어 싹과 움이 터서 조금씩 본모습을 찾아가려 할 때도 있지만, 싹과 움이 나오는 족족 소와 양이 먹어 치우는 바람에 벌거숭이산이 되고 말았다고 해요.

> 맹자가 말했다. "(……) 그런데 사람들은 우산牛山이 지금 민둥산인 것만 보고서 저 산에 일찍이 재목이 없었다고 생각한다. 이것이 어찌 우산의 본래 모습이겠는가? 사람이 어찌 인의仁義의 마음이 없었겠는가? 그 양심을 잃어버리는 이치는 또한 도끼와 자귀로 아침마다 그 산의 나무를 베어감과 같다. 그러니 아름다울 수가 있겠는가?"[7] 「고자 상 8」

인간도 마찬가지입니다. 본바탕은 언제든지 우물에 빠지려는 아이를 구하려는 마음으로 넘쳐 납니다. 그러나 인간의 욕망 혹은 그것이 낳은 전쟁이 결국 인간의 마음을 저 우산처럼 황폐하게 만들고 악을 행하게 했다는 겁니다. 그렇다고 황폐한 현재의 모습만 보고서 인간의 바탕을 부인해서야 되겠습니까? 그럴 수 없지요. 그럼 어찌해야 될까요?

"마음이란 기관의 기능은 생각할 수 있다는 점이다. 생각을 하면 알게 되고 생각을 하지 않으면 알지 못한다. 귀와 눈과 마음은 모두 하늘이 우리에게 부여해 준 것이다. 먼저 중요한 마음을 확고히 세우면 귀와 눈이 마음을 빼앗을 수 없다. 이런 사람이 대인이 된다."8 「고자 상 15」

귀로 듣고 눈으로 보는 능력도 하늘이 인간에게 주었어요. 마찬가지로 인간에겐 마음의 기능이 있어요. 즉 반성적 사고 능력입니다. 다시 말해 인간에겐 언제든지 착한 마음으로 돌아갈 수 있는 능력이 구비되어 있는데, 문제는 생각하지 않아서일 뿐이라는 것이죠. 울창했던 우산의 숲을 기억하듯이 인간의 민낯을 성찰의 거울에 비춰 보라는 메시지죠.

인간이 자신의 손가락 열 개를 보면서 태아 적 엄마의 은혜를 '기억'한다면 인간은 악을 행할 수가 없어요. 씨앗을 심고 우물에서 물을 길어 정성껏 키우는 그때에 어찌 그 나무가 훤칠하게 자라지 않으리라고 의심할 수 있을까요? 성선을 확신한 맹자가 생각한 인간의 마음이 바로 그 의심할 수 없는 마음입니다.

그러므로 흔히 생각하듯 맹자의 성선설은 결코 경험적 현실을 무시하고 인간이 본래부터 선할 수밖에 없다는 엉성한 논리가 아니에요. 맹자는 인간이 선할 가능성을 인간 본성이라는 바탕에서 인정했을 뿐, 후천적 노력의 중요성을 배제하지 않았어요. 그는 인간의 선함의 가능성 위에 왕도 정치를 실현하기 위해 모든 노력을 기울여야 한다고 힘주어 말했습니다.

우리는 지금까지 인성론에 관한 맹자의 논리를 충실히 따라왔습니다. 그런데 『맹자』에는 맹자와 고자告子의 짧막하지만 의미 있는 본성 논쟁이 실려 있습니다. 맹자의 논리를 더욱 충실히 이해하기 위해서도 잠시 살펴볼 필요가 있어요.

고자와 벌인 본성 논쟁

맹자의 생각을 단정적으로 판단하기보다는 그가 인간 본성의 선함을 옹호한 논리를 따라가 보면 어떨까요?

고자가 말했다. "인간의 본성은 버드나무와 같고, 인의는 버드나무로 만든 그릇과 같으니, 인간의 본성을 가지고 인의를 행하게 하는 것은 버드나무를 가지고 그릇을 만드는 것과 같다." 맹자가 말했다. "그대는 버드나무의 본성을 따라서 그릇을 만드는가? 아닐 것이다. 반드시 버드나무를 상하게 한 뒤에 그릇을 만들겠지. 만약 버드나무를 상하게 하면서 그릇을 만든다면 또한 장차 사람을 상하게 하면서 인의를 행하도록 하겠다는 것인가? 천하의 사람들을 몰아 인의를 해치게 하는 것은 반드시 그대의 말 때문일 것이다."⁹ 「고자 상 1」

고자는 인간의 덕성인 사랑[仁]과 의로움[義]은 이 본성이란 재료로 만든 버드나무 그릇과 같다고 했어요. 그렇다면 인간의 본성이란 선한 것도 악한 것도 아니란 뜻이 됩니다. 정해져 있지 않은 거죠. 그러자 맹자가 고자의 비유에 이의를 제기합니다. "당신의 말은 틀렸네. 왜냐구? 생각해 보게. 그릇을 만들자면 버드나무를 반드시 깎고 휘어야 하니 그 원래 상태가 상할 수밖에 없어. 그런 논리라면 장차 사람의 본성을 해쳐서 사랑과 의로움을 행하게 하겠다는 말과 뭐가 다른가?" 이에 대해 고자가 반박을 했겠지요. 왜냐하면 버드나무로 그릇을 만들 때 나무가 상하긴 하지만 버드나무의 결이 달라지지는 않으니까요. 맹자의 논리도 분명 비약이 있어요. 그런데 알다시피 『맹자』는 맹자 편이니까 고자의 반박을 싣지 않고, 마치

이 논쟁에서 고자가 맹자의 논리에 승복한 듯이 쓰고 있어요. 과연 그럴까요? 조금 더 쉬운 비유는 다음에 나와요.

고자가 말했다. "인간의 본성은 여울물 같아서 동쪽으로 터 주면 동쪽으로 흐르고 서쪽으로 터 주면 서쪽으로 흐르니, 인간의 본성에 선善과 불선不善이 없는 것은 물이 동서의 구분이 없이 터 주는 대로 흘러가는 것과 같다." 맹자가 말했다. "물은 진실로 동서의 구분 없이 터 주는 대로 흘러가지만, 그렇다고 상하의 구분도 없는가? 인간의 본성이 선한 것은 물이 아래로 흘러가는 것과 같다. 인간 중에 본성이 선하지 않은 사람이 없고, 물 가운데 아래로 흘러가지 않는 것이 없다. 지금 물을 쳐서 튀어 오르게 하면 이마 위로 튀어 오르게 할 수 있고, 물을 쳐서 흐르게 하면 산에도 있게 할 수 있지만, 그것이 어찌 물의 본성이겠는가? 그 형세가 그러할 뿐이니 사람이 불선을 하게 되는 것도 그 성(性: 성격)이 이와 같다."[10] 「고자 상 2」

이번에도 포문은 고자가 열어요. "인간의 본성은 여울물과 같다. 쉽게 말해 인간의 본성은 물과 같다." 그럼 어떻게 되는가요? "저 물을 봐라. 사람이 터 주는 대로 동쪽으로도 흐르고 서쪽으로도 흐르지 않는가? 그러니 인간의 본성에 선함과 악함은 원래 정해진 것이 아니다." 인간의 본성은 선하지도 악하지도 않다는 거죠. 그러자 맹자가 반박합니다. "부분적으로는 당신의 말이 옳다. 당신의 말대로 사람이 물을 동쪽으로 터주면 동쪽으로 흘러가고 서쪽으로 길을 내주면 서쪽으로 흘러가니까! 그런데 당신은 한 가지 사실을 간과하고 있다. 뭐냐? 물은 위에서 아래로 흐른다는 사실! 물은 언제고 위에서 아래로 흐른다. 이 사실을 부인할 수 있는가? 물을 쳐서 튀어 오르게 하면 이마 위로도 튀어 오르겠지만 그건 물의 본성이 아니지 않은가? 물의 불변하는 본성은 위에서 아래로 흐른다는 사실이다. 이건 만고불변의 진리다. 그러니 인간의 본성은 착한 것이네. 알겠나?"

맹자와 고자가 벌인 논쟁의 내용은 대략 이런 겁니다. 여러분은 어떻게 생각해요? 그런데 찬찬히 생각해 보면, 맹자의 논리에 미심쩍은 구석이 있습니다. 생각해 보세요. 물이 아래로 흐르는 것과 인간의 본성이 선하다는 것이 어떤 논리로 연결될 수 있을까요? 물이 아래로 흐른다는 자연적 사실과 인간이 선하다는 윤리적 당위는 사실 아무런 논리적 연관이 없어요. 그런데 맹자는 이들의 연관성을 당연한 듯이 주장했죠. 맹자의 논법을 '유비추리', 즉 '유추'라고 하지요. 서로 유사한 것에 기초해서 추리하는 방식이에요. 예를 들어 볼까요? '인생은 마라톤과 같다'는 것도 일종의 유추입니다. 마라톤은 42.195킬로미터를 달리는 운동 경기죠. 완주를 목표로 달리려면 초반부터 피치를 올리면 안 됩니다. 차근차근 달려야죠. 어떤 점에서 삶과의 유사성이 발생할까요? 삶은 죽음이라는 종착지로 가는 여행입니다. 때로 고통스럽죠. 초반에 잘 나가다가도 잘못하면 실패한 삶을 살 수도 있어요. 자신의 삶의 속도를 적절히 조절해야 의미 있게 살 수 있죠.

유추는 논리의 엄밀성에서 볼 때 논증적이지는 않아요. 그저 수긍할 정도의 방식이죠. 그런데 인간은 논증으로만 사실을 받아들이는 것은 또 아니에요. 자연에서 교훈을 찾는 수많은 문학 작품을 모두 허무맹랑하다고 할 수는 없겠죠.

조금 더 쉽게 접근해 보죠. 다음은 『논어』 「자한子罕」에 나오는 유명한 구절입니다.

선생님(공자)께서 시냇가에 서서 말씀하셨다. "가는 것이 이 물과 같구나. 밤낮으로 쉬질 않는구나."

공자의 말씀을 어떻게 해석해야 할까요? 여러분은 어떻게 생각하세요? 주희를 비롯한 다수의 학자들은 이렇게 해석합니다. "저 물을 보아라. 밤과 낮을 쉬지 않고 흘러간다. 우리도 저 물처럼 부지런히 수양하지 않으면 안 된다. 잠시도 쉬지 않고 말이야."

퇴계 이황 선생의 시 한 수로도 설명해 볼게요. 「도산십이곡陶山十二曲」 중 6수예요. 학교에서 배웠을 겁니다.

청산靑山은 어찌하야 만고萬古에 푸르르며
유수流水는 어찌하야 주야에 그치지 아니하는고

우리도 그치지 말아 만고상청萬古常青하리라.

여기서도 마찬가지예요. 청산의 푸름과 흘러가는 물의 그치지 아니함은 자연의 법칙이에요. 인간은 그 자연을 관찰하여 교훈을 이끌어 내죠. 순전히 유비추리의 방법입니다. 또한 사실을 당위로 치환하고 있어요. 그러므로 흘러가는 저 물과 청산의 푸름은 인간과 별개의 현상이 아니라, 인간이 본받아야 할 윤리적 전범이 되는 셈이죠.

몇 가지 예로 살펴보았듯이 맹자의 성선설은 엄밀한 논리라기보다는 확신에 찬, 당위에 대한 호소에 가깝다고 볼 수 있어요.

악행은 어떻게 설명할 수 있나요?

윤후

인터넷 뉴스를 보면 끔찍한 범죄가 늘 일어나요. 미국과 스웨덴의 학교에서 총기 난사 사건이 일어나 학생과 교사 여러 명이 목숨을 잃기도 했어요. 이런 뉴스를 보면 인간이 과연 선한가에 관해 의문이 생겨요. 목숨을 걸고 아이들을 구한 소방관 이야기가 있기도 하지만 저는 전체적으로는 악한 사람이 더 많은 것 같아요. 그래서 범죄는 강력하게 처벌해야 한다고 생각해요.

윤서

저는 반대예요. 뉴스라는 자극적인 매체만 보면 세상에는 나쁜 일만 가득해요. 그렇게 악한 사람들이 득실거리는 사회가 그래도 잘 굴러가는 것을 보면, 표 나게 선행을 하지는 않지만 평범한 사람들이 대부분 착해서가 아닐까요?

김 샘

인간 본성을 둘러싼 철학 논쟁을 딱 두 가지로 줄이면 윤후, 윤서의 말과 같아요. 여러분의 말 속에 맹자의 고민이 있다는 생각이 들어요. 언제고 범죄가 줄어든 적이 있겠습니까만, 사회가 복잡해질수록 예전보다 극악한 범죄가 늘어나는 건 확실해요. 맹자가 살았던 전국 시대도 전대미문의 상황이었어요. 오죽했으면 역사가가 그 시대를 전국戰國, 즉 전쟁의 시대라고 했겠어요. 제자백가들이 그 시대의 문제에 대한 고민을 여러 가지 주장에 담았어요. 그런데 맹자 사상의 특이한 점은 이런 사태의 발생 원인을 인간의 마음에서 찾았다는 겁니다. 이 점 때문에 맹자는 '세상물정 모르는 사람'이라는 평가를 받기도 했지만, 유학의 형이상학을 기초한 사상가로 추앙받기도 했어요.

그런데 저는 성선설의 주장이 약간 모호해 보여요. 인간의 본성이 선하다고 해 버리면 악행은 어떻게 설명할 수 있나요?

김 샘

아주 예리한 질문이에요. 저도 일반적으로 알려진 맹자의 성선설에 의문을 가진 적이 있어요. 윤후의 말대로 '성선'이 본질이라면 인간의 악행이 설명되지 않죠. 그래서 저는 '성선설'을 '인간이 선할 수 있는 강력한 가능성'의 의미로 해석했어요. 실제 『맹자』 원문을 꼼꼼히 읽어 보면 두 가지 해석이 가능해요. 아마도 맹자는 이런 모순을 별로 의식하지 않았던 듯해요. 말하자면 마음에 관한 체계적인 이론을 제시했다기보다 인간에겐 착한 마음, 즉 측은지심이 있다는 것을 알아야 한다고 강력히 표명한 거죠.

윤서

선생님, 저는 '어린 아이가 우물에 빠지려' 할 때, 모든 사람이 그 아이를 구할 마음을 가진다는 맹자의 말에 의심이 가요. 예를 들면 그 어린 아이와 아무 관계가 없어서 그저 흥미진진하게 바라보는 사람이 있을 수도 있죠. 더 심하면 친구와 내기를 하는 사람도 있지 않을까요? 인간을 그렇게 착하게만 볼 수 있나요?

김 샘

윤서 말도 일리가 있네요. 예전에 학교폭력 예방 교육을 받으러 가서 피해 사례를 봤는데, 여러 번 경악을 금치 못했어요. 중학교 어떤 학급에서 한 학생을 집단적으로 따돌렸어요. 자살 충동을 느낀 아이가 아파트 옥상으로 갔는데, 그 와중에도 한 반 전체가 약 2분 동안에 카카오톡 메시지 200여 개를 올려서 그 아이를 죽게 만든 사건이 있었어요. 이건 극악한 범죄죠. 저런 아이들도 인간인가 하는 생각을 했어요. 한편으로는 『두더지 인간들』이란 책을 보면 다른 생각이 들기도 해요. 뉴욕의 지하 터널에 사는 노숙자들 이야기인데, 자신의 생존도 힘겨운 상황에서 서로를 도우면서 공동체를 이루어 살아가요. 인간은 참 별난 동물이에요.

윤서

이런 생각도 해 봤어요. 가령 다른 아이가 우물로 기어들어 가는 아이를 봤다면요? 그 아이도 아직 지각력이 없을 정도로 어리다면요?

김 샘

아! 그건 저도 깊이 생각해 보지 않았네요. 날카로워요. 여기서 맹자가 말하는 사람은 최소한의 지각력이 있는 초등학생 이상으로 봐야겠죠. 그리고 전근대에는 아이를 미성숙한 존재로 여겼어요. 그러니 아예 고려의 대상에 넣지 않았을 겁니다. 맹자는 이런 문제를 별로 고민하지 않았을 거예요.

윤후

선생님, 어린 아이가 우물에 빠지려 할 때 발생하는 마음인 '측은지심'은 일종의 감정 이입이네요. 문학 시간에 '관찰자가 흠모하거나 관조하는 대상에 자신의 감정을 투사하는 방법'을 감정 이입이라고 한다고 배웠어요.

김 샘

맞아요. 그게 중요해요. 자신의 지식을 다른 데로 확장하는 것에 차이가 있을 뿐 여러분이 알고 있는 지식도 상당해요. '아이'의 행동이 몰고 올 결과를 순간적으로 파악하고 나와 무관한 그 아이에게 내 마음이 투사되는 거죠. 투사는 심리학 용어인데 감정 이입이라고 생각하면 되겠네요.

윤 서

저는 '역지사지易地思之'란 말을 떠올렸어요. 다른 사람의 입장이 되어 그들이 어떻게 느끼고 생각하는지 이해하는 것을 의미하잖아요. 그렇게 이해해도 될까요?

김 샘

되다마다요. 그런 게 공부입니다. 맹자의 이 '심리 실험'이 대단한 게 아니죠. 제 입장에서 보면 이래요. 다른 집 아이가 우물에 빠지려는 상황이라면 저도 안타까운 마음이 생기지 않을까요? 우리 집 아이가 우물에 빠졌을 때, 누군가 내 아이를 구해 주기를 바라는 마음과 마찬가지겠지요.

윤후

그럼, 맹자는 인간의 악을 어떻게 설명했나요? 환경의 영향을 주장하는데, 남부럽지 않은 좋은 환경에서 자란 사람이 나중에 엄청난 탈법과 불법을 저지르지 않나요? '화이트칼라' 범죄 말이에요. 정말 나쁜 범죄는 그들이 저지르는 것 같은데요.

김 샘

그래서 맹자는 환경의 영향 외에 감각적 욕망을 잘 제어해야 한다고 했어요. 그 외에도 인간의 욕망은 많아요. 부자가 되려는 욕심이 있는가 하면, 명예를 탐하려는 욕망도 강하잖아요. 부를 거머쥐고 나서 명예까지 얻으려는 사람도 많죠. 맹자가 생각하는 바람직한 인간은, 이런 욕망들을 잘 제어할 수 있는 인간입니다.

세상 만물은 모두 귀하다

세상에서 제일 중요하고 귀한 사람은 누구일까요? 언젠가 여덟 살짜리 딸아이에게 물었어요. "세상에서 제일 귀한 사람은? 1번?" 딸이 대답해요. "나." "2번은?" "할머니와 엄마." "3번은?" "아빠." "4번은?" "오빠."

제가 세 번째인 것은 전혀 서운하지 않더군요. 어떻게 그런 신통방통한 생각을 했는지 대견했어요. 물론 초등학교 선생님이 가르쳐주셨겠죠. 그렇습니다. 세상에서 제일 소중한 사람은 엄마도 할머니도 아빠도 오빠도 아닌 바로 자신이지요. 우리는 이걸 잊고 살 때가 많아요.

맹자가 말했다. "귀하게 되고 싶은 것은 모든 사람의 공통된 마음이다. 그런데 사람은 누구나 자기 몸에 존귀한 것을 지니고 있지만 생각하지 않아서 모를 뿐이다. 남이 존귀하게 해 준 것은 진실로 존귀한 것이 아니다. 조맹趙孟이 귀하게 해 준 것은 언제든지 조맹이 이를 천하게 만들 수도 있다. 『시경』에 '술로 이미 취했고, 덕으로 이미 배부르네.'라고 하였는데, 인의로 이미 배가 불러서 남의 고량진미가 부럽지 않고, 좋은 명성과 널리 알려진 명예가 몸에 갖추어져 있어서 남의 화려한 옷이 부럽지 않다는 말이다."[11] 「고자 상 17」

맹자는 여기서 자신이 본래 귀한 존재라는 것을 자각하는 일이 중요하다고 말하고 있어요. 다만 생각하지 않아서 모르고 있을 뿐이라고요. 조맹이 귀하게 해 준 것, 즉 남이 나에게 준 명예와 부귀 같은 것은 언제든 자신에게서 달아날 수 있지요. 그러나 스스로 인의를 실천하여 옹골차게 자신의 덕을 배불린 사람들은 남의 부귀영화를 부러워하지 않는다고 했습니다. 유학에서 강조하는 것 가운데 새겨들을 대목이 바로 '자율적이고 주체적인 인간〔君子〕'으로 살아가는 일입니다. 외부적 환경은 언제든지 변할 수 있기에 믿을 것이 못 되고, 오직 '나'의 자각과 주체적 행동이 소중하다는 뜻입니다.

삶보다 더 간절히 원하는 것

맹자가 말했다. "생선 요리도 내가 먹고 싶은 음식이고 곰 발바닥 요리도 내가 먹고 싶은 음식이다. 그러나 이 두 가지를 모두 얻을 수 없다면 생선 요리를 제쳐 두고 곰 발바닥 요리를 먹을 것이다. 삶도 내가 원하는 것이고 의로움도 내가 원하는 것이다. 그렇지만 이 두 가지를 모두 얻을 수 없다면 삶을 버리고 더 중요한 의로움을 택할 것이다. 삶도 내가 원하는 것이지만 삶보다 더 간절히 원하는 것도 있다. 그러므로 구차하게 삶을 얻으려 하지 않는다. 죽음도 내가 싫어하는 것이지만 죽음보다 더 싫어하는 것이 있다. 그러므로 구차히 살 바에야 환란이 찾아와도 피하지 않는다."[12] 「고자 상 10」

인간은 목숨이 소중한 줄을 알면서도 더 귀한 것이 있음을 자각할 수 있어야 한다고 말하고 있습니다. 그러므로 구차하게 살려 하지 않고 죽음도 피하지 않겠다고 다짐합니다. 곧 의로운 삶을 살겠다는 결의죠. 목숨을 가벼이 여기라는 뜻이 아니라 그만큼 자존감을 고양하고 주체적 결단을 통해 살아가라는 메시지입니다. 중국의 국가 주석 시진핑習近平이 공직 생활의 신조로 삼은 말이 '곰 발바닥과 생선은 함께 얻을 수 없다'는 것이라고 합니다. 공직에 있으면서 돈을 탐하지 않겠다는 소신을 표현한 것인데, 그 출전이 『맹자』입니다.

"한 그릇의 밥과 한 그릇의 국을 얻으면 살고, 얻지 못하면 죽는다고 하자. 그렇지만 욕을 해 대면서 준다면 길 가는 사람도 받지 않을 것이요, 발로 차면서 준다면 구걸하는 거지도 달가워하지 않을 것이다."13 「고자 상 10」

밥 한 그릇과 국 한 그릇을 얻어먹으면 살고, 얻지 못하면 죽는 상황이 있다고 해 보죠. 그래도 '이거나 처먹어라!'라며 모욕을 하며 준다면 굶어죽을지언정 그걸 받지는 않겠죠. 마찬가지로 밥통을 발로 걷어차면서 개밥 주듯 한다면 상거지도 그 밥을 거들떠보지 않을 겁니다. 이게 인간입니다. 나의 자존이 존엄하듯이 남의 자존도 존엄한 것입니다. 인간이면 나의 존엄도 지켜야 하고, 남의 존엄도 존중해야 합니다.

프리모 레비Primo Levi는 2차 세계 대전 당시에 유대인 학살의 현장인 아우슈비츠에 수용되었다 풀려난 이탈리아 출신의 유대계 화학자예요. 그가 수용소에서 겪었던 일을 증언한 『이것이 인간인가 Se Questo e un Uomo』(돌베개, 2007)를 보면, 동료인 슈타인라우프가 해 준 말을 감동적으로 적고 있어요.

수용소는 우리를 동물로 격하시키는 거대한 장치이기 때문에, 바로 그렇기 때문에 우리는 동물이 되어서는 안 된다. 이곳에서도 살아남은 것은 가능하다. 그렇기 때문에 나중에 그 이야기를 하기 위해, 똑똑히 목격하기 위해 살아남겠다는 의지를 가져야 한다. 우리의 생존을 위해서는 최소한 문명의 골격, 골조, 틀만이라도 지키기 위해 최선을 다해야 한다. 우리가 노예일지라도, 아무런 권리도 없을지라도, 갖은 수모를 겪고 죽을 것이 확실할지라도, 우리에게 한 가지 능력만은 남아 있다. 마지막 남은 것이기 때문에 온 힘을 다해 지켜내야 한다. 그 능력이란 바로 그들에게 동의하지 않는 것이다. 그러니까 우리는 당연히 비누가 없어도 얼굴을 씻고 윗도리로 몸을 말려야 한다. 우리가 신발을 검게 칠해야 하는 것은 규정이 그렇게 되어 있기 때문이 아니라, 우리 자신에 대한 존중과 청결함 때문이다. 우리는 나막신을 질질 끌지 말고 몸을 똑바로 세우고 걸어야 한다. 그것은 프로이센의 규율을 따르기 위해서가 아니라, 쓰러지지 않고 살아남기 위해서다.

언제 죽을지 몰라 극심한 공포에 떨고, 그래서 매일매일 얼굴을 씻고 양치질하는 것도 점점 귀찮아지고 무의미하게 느껴집니다. 죽음 앞에서 그게 다 무슨 소용이란 말입니까? 그래도 그곳의 수용자들이 양치질을 꼬박꼬박 해야 하는 이유는 무엇일까요? 인간으로서 최소한의 위엄을 지키기 위해서입니다. 이것이 인간입니다. 얼마나 고결합니까? 내일 죽을지라도 인간의 품위를 저버리지 않겠다는 그 맹세는요.

마음의 능력을 발휘하라

맹자는 사람에겐 '배우지 않아도 잘할 수 있는 능력'인 양능良能과 '골똘히 연구하지 않아도 저절로 알 수 있는 지혜로움'인 양지良知가 있다고 했습니다.

맹자가 말했다. "사람이 배우지 않고도 잘할 수 있는 것을 양능이라 하고, 깊이 생각하지 않아도 알 수 있는 것을 양지라고 한다. 자기 어버이를 사랑할 줄 모르는 아이가 없고, 자라서 그 형을 공경할줄 모르는 이가 없다. 어버이를 친애하는 것은 인仁이고 자기보다 나이 많은 사람을 공경하는 것은 의義이다. 이는 천하에 두루 통용되는 덕목이다."14 「진심 상 15」

맹자는 인간이 귀한 까닭을 양지와 양능에서 찾았어요. 누구나 어릴 때 자신의 아버지를 사랑할 줄 알고, 자라서는 그 형을 공경할 줄 안다는 거죠. 그래서 어버이를 사랑하는 인仁과 어른을 존중하는 의義를 실천할 수 있는 도덕적 능력을 본래부터 가지고 있었다고 합니다. 인간은 하찮은 존재가 아니죠. 다만 인간이 도덕적 능력을 타고났다고 해서 꼭 도덕적 행동을 한다는 법은 없지요. 어떻게 해야 할까요? 맹자는 우리에게 자신의 마음을 다하라고 합니다.

맹자가 말했다. "자신의 마음을 온전하게 발휘하는 자는 자신의 본성에 대해 알게 된다. 자신의 본성에 대해 알면 하늘의 뜻을 이해하게 된다. 마음을 잘 보존하고 자신의 성품을 잘 기르는 것이 하늘을 섬기는 방법이다. 그리하여 요절과 장수가 내 마음을 흐트러뜨리지 않고 자신을 수양하며 기다리는 것이 천명을 세우는 방법이다."15 「진심 상1」

모든 인간에게 그러한 바탕을 부여한 것은 '하늘[天]'입니다. 하늘이 준 마음의 능력을 온전하게 발휘하여 실천했을 때 인의예지라는 네 가지 본성을 알게 되고, 그러고 나면 하늘이 왜 인간에게 그렇게 하도록 명령하였는지를 알 수 있다는 겁니다. 하늘이 나를 인간으로 태어나게 한 이유와 목적이 무엇인지, 따라서 나는 어떻게 살아야 하는지를 깨닫게 된다는 뜻입니다.

어려운 이야기네요. 공자는 50세를 지천명知天命이라 했어요. 하늘이 내게 준 본연의 사명, 즉 하늘의 명령을 깨닫게 된다는 말이지요. 우리에게 본래 있는 사단을 현실에서 발휘하라는 뜻으로 읽을 수 있어요. 요컨대, 하늘의 명령을 이해하면 내 마음은 나라는 개인의 마음을 넘어서서 하늘로부터 똑같이 명령을 받은 세상의 모든 타인의 마음과 연결됩니다. 타인의 고통에 대해 안타까워하는 나의 마음, 즉 측은지심이 점점 더 남에게로 뻗어 나가는 겁니다.

나만 귀한가? 남도 귀하다

우선 나는 내 부모와 형제와 처자를 사랑하고, 그 마음을 차츰 넓혀 가서 사회로까지 확장해야 합니다. 온 세상의 사람과 함께 기뻐하고 괴로워해야 합니다. 그리하여 천지 만물과 나는 하나가 됩니다. 유학에서 말하는 천명天命은 수기修己와 안인安人을 말합니다. 수기는 자신을 수양하는 일이고 안인은 정치를 통해 백성을 편안케 하는 일이지요. 유학은 이 두 개의 바퀴로 굴러가는 수레입니다.

> 맹자가 말했다. "만물의 이치가 모두 나에게 갖추어져 있다. 자신을 돌이켜 보아 진실하면 그보다 더 큰 즐거움은 없다. 배려하는 마음[恕]을 발휘하는 것이야말로 이보다 확실하게 사랑[仁]을 추구하는 방법이 없다."16 「진심 상 4」

맹자는 세상에 나와 무관한 사람도 없고 나와 무관한 사물도 없다고 보았습니다. 보이지 않는 그물로 세상이 연결되어 있어요. 이치라는 뜻의 '이理' 자를 볼까요. 구슬 옥玉과 마을 이里가 결합한 글자예요. '이'는 소리만을 취한 것이고 의미는 옥에 있어요. 옥은 결로 이루어져 있습니다. 그래서 이치는 결이라는 뜻입니다. 사람의 피부에 살결이 있는 것처럼 세상에는 세상의 결이 있는데, 그 결을 살피고 결대로 행해야 합니다. 그게 '도리道理'입니다.

내가 나의 이런 사명을 돌이켜 한 치의 거짓이 없다면 어떻게 될까요? 맹자는 측은지심을 미루어 온 세상 사람을 나처럼 사랑할 수 있고, 내 자식을 사랑하는 마음처럼 남의 자식도 사랑할 수 있다고 보았습니다.

현실에서 거짓이 전혀 없이, 진정으로 남을 사랑하는 사람들의 표정을 보면 기쁨으로 충만합니다. 그래서 "그보다 더 큰 즐거움이 없다."고 했어요. 사랑을 실천하는 분명하고 확실하며 가까운 방법은 타인에 대한 배려(恕)입니다. 자신의 어진 마음을 가까운 가족에서부터 타인에게로 확대해 나가는 일이죠. 역시 맹자는 공자의 사상을 이어 사랑의 방법으로 배려를 제시했네요.

남만 귀한가? 초목과 금수도 귀하다

성호 이익은 『성호사설』 「만물비아(萬物備我)」에서 다음과 같이 말하고 있습니다.

『맹자』에 이르기를, "만물이 모두 나 자신에게 갖춰져 있다."라고 하였으니, 이는 인(仁)이란 본체가 지극히 크다는 것을 비유한 말이다. 무릇 천지 사이에 사해四海와 팔황(八荒: 여덟 방위를 나타내는 말로 온 세상을 뜻함), 금수禽獸와 초목草木 등이 다 사물인데 인을 실천하는 사람들은 이 모두를 다 하나로 보아서 자신과 무관한 것으로 치부하지 않는다. 그러므로 만백성도 모두 나의 만백성이고 오랑캐도 모두 나의 오랑캐이며, 금수와 초목도 모두 나의 금수요, 나의 초목이다. 나와 저 사물이 비록 서로 모습은 다르다 해도, 내가 저들을 감싸고 사랑하는 마음은 끝이 없다. 경우에 따라 각기 처리하는 방법이 모두 나의 마음속에 갖춰져 있으므로 부족한 점이 없다.

인仁의 체體가 크다는 것은 인이 한없이 뻗어 갈 수 있음을 말합니다. 곧 인은 만물까지 확대될 수 있고, 또 그래야 본래 인이라는 거죠. 인하지 않음을 '불인不仁'이라 하는데 불인은 '마비'를 뜻합니다. 그러므로 불인하다는 것은 피가 몸속에서 잘 순환되지 않아 팔과 다리가 마비되듯이 타인에 대한 도덕적 감수성이 결여된 것을 말하지요.

그러나 어진 자는 온 세상의 사람들과 심지어 짐승과 초목까지도 모두 나와 같은 존재로 여깁니다. 그래서 나와 관계없는 사물이란 세상에 아무것도 없다고 인식하죠. 동물도 나도 생명을 가졌다는 점에서는 같잖아요. 형태만 다를 뿐이죠. 그러므로 금수와 초목도 저만치 혼자 있는 것이 아니라 나의 초목이고 나의 금수가 되는 겁니다.

사물과 인간의 차이를 인정하되 차별하지 않는 것, 그것들 각각의 생명 의지와 존재 이유를 존중하는 태도가 바로 '만물개비어아

萬物皆備於我'의 정신입니다. 자신과 만물이 동등한 존재라는 것을 자각하고 그 마음을 다른 존재에까지 미루어 나간다면, 그보다 인을 훌륭하게 실천하는 방법은 없다고 말하고 있습니다.

　이렇게 인이 만물에까지 확대될 수 있는 까닭은 앞서 말했듯이 인간이 양지와 양능을 가지고 있어서입니다. 양지와 양능은 실제 인간에게 이런 능력이 있다는 '확인'이라기보다는 인간이 그런 존재여야 한다는 '당위'라고 할 수 있습니다.

3부

줄기와 가지

: 수양론

내 탓이다

문제의 원인을 자신에게서 찾기보다 자꾸 외부에서 찾으려 하다가는 결국 자포自暴와 자기自棄에 이르고 말아요. 자포와 자기는 요즘에도 흔히 쓰는 말이죠. 『표준국어대사전』에는 '자포자기'를 '절망에 빠져 자신을 스스로 포기하고 돌아보지 아니함'이라고 설명해 놓았는데, 그 말이 『맹자』에서 나왔어요. 그런데 이 설명만으로는 진정한 의미를 깨닫기가 어려워요. 차근차근 곱씹어 보지요.

맹자가 말했다. "스스로를 해치는 자와는 함께 말할 수 없고, 스스로를 버리는 자와는 함께 일을 도모할 수 없다. 말만 하면 예의를 비난하는 것을 일러 '스스로를 해친다〔自暴〕'고 하고, 내 몸은 인에 머물거나 의를 행할 수 없다고 하는 것을 일러 '스스로를 버린다〔自棄〕'고 하는 것이다. 인은 사람이 쉴 수 있는 편안한 집이고, 의는 사람이 걸어가야 할 바른길이다. 편안한 집을 비워 두고 살지 않으며 바른길을 버려두고 다니지 않으니, 안타깝구나!"[1] 「이루 상 10」

원래 자포자기는 '자포'와 '자기'를 합친 말이에요. 맹자의 설명에 따르면 자포는 스스로를 해치는 일입니다. 여기서 '스스로를 해치는' 행위는 무얼까요? 입만 열면 예와 의를 비난하는 것이라고 풀어놓았군요. 쉽게 말해, 자포자는 남들이 그에게 따끔하게 충고의 말을 해 주어도 아예 받아들이려 하지 않는 태도를 말합니다. 그러면 '스스로를 버리는' 행위는 무얼까요? 남의 충고를 받아들일 정도의 포용은 있되 그걸 행동으로 옮길 자신이 없다고 거부하는 것입니다.

그렇게 보면 자포보다는 자기가 낫다고 할 수 있죠. 하지만 자기 변화를 거부한다는 점에선 똑같아요. 그래서 자포와 자기는 결국 '자포자기'가 됩니다. 더 큰 문제는 자포와 자기의 결과입니다. 남들이 고언苦語을 해 주어도 본인이 아예 처음부터 마음을 닫고 듣지 않으면 마침내 쓴소리를 해 줄 친구가 없어지겠죠. 요즘 말로 '구제불능'이 되는 겁니다.

자포자와 자기자를 쉽게 설명한 조선 후기 학자 극재克齋 신익황申益愰의 글이 있어 소개합니다.

자포하는 자는 믿지 않고 거부한다. 비유하자면 서울이 구경할 만하다고 말해 주는 사람이 있어도 그 말을 믿지 않고 길을 나서지 않으려는 자와 같다. 자기하는 자는 아예 실천하지 않으려고 끊는다. 비유하자면 서울이 구경할 만하다는 말을 듣고서 한 번 구경할 마음이 없는 것은 아니지만 스스로 힘이 약하다고 여겨서 먼 길을 떠나려 하지 않는 자와 같다. 「길로 도를 비유함[以路喻道說]」

여기 서울 구경 한 번 못 해 본 시골 사람이 있어요. 앞서 서울 구경을 하고 온 마을 사람들이 모두 이렇게 말합니다. "자네 서울 구경 한 번 해 보게. 서울은 참 볼 게 많더구먼. 시골 촌구석에 처박혀 고루하게 늙어서야 되겠는가?" 물론 여기서 동네 사람들은 자포와 자기하려는 사람을 진심으로 아끼는 친구쯤 될 테고, 서울은 그 사람을 진보하게 할 수 있는 목표 지점이라고 할 수 있겠죠. 그 마을 사람의 말을 아예 믿으려 들지 않는 사람은 자신을 해치는 사람, 즉 자포자입니다. "무슨 소린가? 서울도 사람 사는 동네겠지. 그게 그거 아닌가? 나는 서울 갈 마음이 꿈에도 없네."

반면에 마을 사람의 말을 믿고서 구경해 보고 싶은 마음을 내긴 했지만, 자신은 체력도 약하고 형편도 못 되어 먼 길을 갈 수 없다고 생각하고 길을 떠나려 들지 않는 사람은 자신을 버리는 사람, 즉 자기자입니다.

사람이 진실로 선善으로 자신을 다스린다면 더 나은 방향으로 옮겨 가지 못할 사람이 없다. 아무리 어리석은 사람이라 해도 모두 점차 닦아서 나아갈 수가 있다. (……) 자포·자기하는 사람은 비록 성인과 함께 있어도 성인이 그들을 변화시킬 수 없다. 이런 사람을 두고서 하우불이下愚不移, 즉 진짜 바보는 아무리 해도 향상될 수가 없다고 한다. 「맹자집주」

그러므로 진짜 어리석은 바보는 아예 착한 말을 들으려고도 하지 않고 그 말을 실행해 보려고도 하지 않는 사람입니다. 착한 말을 듣고서 실천에 옮기려 했어도 목표에 도달하지 못하는 사람은 바보가 아니에요. 정이의 말입니다.

하지 않음과 할 수 없음

맹자가 제나라 선왕을 만나서 인정仁政에 대해 말하면서 묻습니다. 왕의 신하가 만일 임금에게 "'저는 약 1톤을 들 수 있을 만큼 힘이 세지만 깃털 하나를 들지 못하고, 눈이 밝아 깃털 끝도 볼 수 있지만 수레에 실린 땔감은 볼 수 없습니다.'라고 하면, 임금께서는 인정하시겠습니까?" 왕이 답합니다. "그야 당연히 말이 안 되는 소리지요." 맹자가 이어 묻습니다. "그렇다면 임금이 짐승에게만 은

혜를 베풀고 백성들은 제대로 돌보지 않는 이유는 무엇입니까?" 그러면서 맹자는 정치의 결과가 백성에게 미치지 못하는 이유를 설명합니다.

"깃털 하나를 들지 못하는 것은 힘을 쓰지 않았기 때문이고, 수레에 가득히 실린 땔나무를 보지 못하는 것은 밝은 눈을 쓰지 않았기 때문이며, 백성들이 제대로 보호받지 못하는 것은 임금이 은혜로운 마음을 쓰지 않았기 때문입니다. 그러므로 왕께서 천하의 왕이 되지 못하는 것은 실행하지 않았기 때문이지 능력이 없어서가 아닙니다." 왕이 말했다. "하지 않는 것과 못하는 것의 구체적 모습은 어떻게 다릅니까?" 맹자가 대답했다. "태산을 옆구리에 끼고서 북쪽 바다를 훌쩍 뛰어 건너는 것을 두고 남에게 '나는 도저히 못한다.'라고 한다면, 그것은 정말로 못하는 일입니다. 그러나 어른을 위하여 안마를 해 드리는 것을 두고 '나는 도저히 못한다.'라고 한다면, 그것은 하지 않는 것이지 못하는 것이 아닙니다. 따라서 왕께서 천하의 왕이 되지 못하시는 것은 태산을 옆구리에 끼고서 북쪽 바다를 뛰어 건너는 것과 같은 어려운 일을 하지 않아서가 아닙니다. 왕께서 천하의 왕이 되지 못하시는 것은 어른을 위해 안마를 해 주는 것〔折枝〕과 같은 쉬운 일을 하지 않기 때문입니다."[2] 「양혜왕 상 7」

맹자는 제선왕이 천하를 통일할 왕이 되지 못하는 이유는 왕이 백성들에게 인정(왕도 정치)을 베풀지 않기 때문인데, 인정은 왕이 충분히 할 수 있는 일이라고 해요. 태산을 번쩍 들어 옆구리에 끼고서 북쪽 바다를 훌쩍 건너뛰는 것, 이 같은 일은 아무리 노력해도 할 수 없습니다. 비유예요. 그러나 어른을 위해 안마를 해 드리는 일은 할 수 있는데도 하지 않는 거죠. 인정을 베풀기만 하면 천하의 사람들이 당신을 받들어 천하의 왕으로 만들어 줄 텐데! 안타깝고 답답한 마음에 맹자는 매섭게 쏘아 댑니다. 여기서 '안마를 하다'로 해석한 절지折枝는 '가지를 꺾다'로 해석할 수도 있는데, 그렇게 풀어도 가지를 꺾는 것처럼 쉬운 일이라는 뜻입니다.

물론 맹자가 뜬금없이 이런 말을 하지는 않았어요. 이유가 있죠. 제나라 선왕이 인정을 베풀 수 있는 마음이 있다는 것을 알았기 때문입니다. 언젠가 제나라 선왕이 대청 위에 앉아 있었습니다. 마침 어떤 사람이 소를 끌고 가는 중이에요. 장차 소를 죽여 그 피로 흔종(釁鐘: 주조된 종의 틈에다 소의 피를 바르는 일) 의식을 행하기 위해서였습니다. 그런데 왕이 그 소가 벌벌 떨면서 죽을 곳으로 끌려가는 모습을 차마 볼 수 없다면서 소를 놓아 주라고 말하고, 그 대신 소를 양으로 바꾸라고 명합니다. 맹자는 선왕의 신하인 호흘胡齕에게서 그 이야기를 들었습니다.

맹자가 말했다. "그런 마음이라면 충분히 천하에 왕 노릇 하실 수 있습니다. 백성들은 모두 왕더러 재물이 아까워서 소를 양으로 바꾸라고 그랬다 하겠지만, 저는 진실로 왕께서 끌려가는 소의 모습을 차마 볼 수 없어서 그렇게 하셨다는 것을 잘 알고 있습니다." 왕이 말했다. "그렇겠군요. 실제로 그렇게 생각하는 백성이 있겠습니다만, 제나라가 아무리 작은 나라라고 해도 내가 어찌 소 한 마리를 아까워하겠습니까? 그 소가 벌벌 떨며 죄 없이 도살장으로 끌려가는 것을 차마 보지 못해서 소 대신에 양으로 바꾸라고 한 것입니다." 맹자가 말했다. "왕께서는 백성들이 우리 왕이 소 한 마리가 아까워서 그렇게 했다고 못마땅해하는 것을 의아하게 생각하지 마소서. 작은 양을 가지고 큰 소를 대신했으니, 저들이 왕의 속마음을 어찌 알겠습니까. 그런데 왕께서 그 소가 죄 없이 도살장으로 끌려가는 것을 측은하게 생각했다면 어째서 소와 양을 구분하셨습니까?" 왕이 웃으며 말했다. "진실로 내가 무슨 마음으로 그랬을까요? 내가 재물이 아까워서 작은 양을 큰 소와 바꾼 것이 아니건만, 백성들이 나더러 재물이 아까워 그랬다고 말하는 것도 당연하겠군요."3 「양혜왕 상 7」

벌벌 떨며 도살장으로 끌려가는 소의 눈망울을 보고서 왕은 불인지심不忍之心, 즉 차마 하지 못하는 마음을 냈습니다. 그런데 백성들은 소 대신 양으로 바꾸라는 임금의 말을 오해하여 '우리 임금은 아마 재물이 아까워서 큰 소 대신 작은 양을 택했을 것'이라고 생각합니다. 그러나 백성들의 그런 오해와 상관없이 맹자는 선왕의 행동에서 불인지심을 발견했던 겁니다. 싹수가 있는 임금이라고 보았죠. 그래서 맹자는 진지하게 말합니다.

맹자가 말했다. "걱정하지 마소서. 이것이 바로 인仁을 실천하는 방법입니다. 소는 직접 눈으로 보았고 양은 보지 못했기 때문에 소와 양을 구분하신 것입니다. 군자는 짐승을 대함에 있어 살아 있는 모습을 보고 나서는 차마 그것들이 죽어 가는 모습을 보지 못하며, 그것들이 죽기 싫어 애처롭게 우는 소리를 듣고 나서는 차마 그 짐승의 고기를 먹지 못합니다."4 「양혜왕 상 7」

맹자는 선한 정치, 다시 말해 왕도 정치의 뿌리인 측은지심을 가지고 있는 제선왕의 행동을 보고 내심 쾌재를 불렀을 겁니다. "드디어 나에게 기회가 왔다! 이런 임금이라면 내 뜻을 펼칠 수 있을지도 모른다." 그러나 결국 선왕에게서는 성선性善만 확인했을 뿐이에요. 왜냐하면 선왕은 자포자는 아닐지언정 자기자였기 때문이에요. 끌려가는 소의 눈에서 죽음의 공포를 읽었다면 당연히 부국강병과 전쟁에 등골이 휘는 백성의 고달픈 눈도 읽어야 했겠지요. 제나라 선왕은 어진 마음을 내긴 했지만 어진 정치로까지 나아가지는 못했습니다.

길은 가까운 곳에

그렇다면 남의 말을 듣고도 처음부터 불신하고 혹은 아예 실행하려 들지 않는 데에는 어떤 근본 원인이 있을까요? 맹자는 그 원인을 '자존감의 결여'에서 찾았습니다.

> 맹자가 말했다. "(……) 어린 아이가 노래하기를, '창랑의 강물이 맑으면 내 갓끈을 씻을 수 있고 창랑의 강물이 흐리면 내 발을 씻을 수 있다.' 하였는데, 공자가 말하기를, '제자들아, 저 노래를 들어라. 강물이 맑으면 깨끗한 갓끈을 씻고 강물이 흐리면 더러운 발을 씻는다고 하니, 강물 스스로가 그런 결과를 초래한 것이다.'라고 하셨다. 사람은 반드시 스스로를 업신여긴 뒤에야 남이 그를 업신여기고, 집안은 반드시 스스로 망친 뒤에 남이 망치며, 나라는 반드시 스스로 공격한 뒤에 남이 공격한다. 『서경』「태갑」편에, '하늘이 내린 재앙은 그래도 피할 수 있지만, 스스로 만든 재앙에서는 살아날 방법이 없다.'라고 하였으니, 이를 두고 한 말이다."[5]「이루 상 8」

창랑의 물이 맑으면 내 갓끈을 씻을 수 있고, 창랑의 물이 흐리면 내 발을 씻을 수 있는데, 이는 물 스스로 초래한 결과라는 거죠. 여기서 물은 바로 나 자신입니다. 아무도 자신을 해치라고, 버리라고 하지 않았습니다. 내 마음이 먼저 나를 버렸어요. 나의 적은 남이 아니라 바로 나 자신입니다. 그래서 "사람은 반드시 스스로를 업신여긴 뒤라야 남이 그를 업신여긴다."라고 했습니다. 자존감이 없으면 남들도 그를 우습게 보는 법입니다. 집안도 나라도 예외는 아니지요. 내가 나를 해치고 버리면 아무도 도와주질 않아요. 하늘이 내린 재앙은 그래도 피할 수 있지만, 내 스스로 만든 재앙은 도무지 달아날 방법이 없습니다.

맹자의 생각으로는 왕이 행할 도리는 멀고 어려운 곳에 있지 않고 가깝고 쉬운 데 있어요. 마치 자신의 어버이를 친애하고 어른을 공경하는 일처럼 말이에요.

> 맹자가 말했다. "도는 가까운 곳에 있는데 먼 곳에서 찾고, 일은 쉬운 데 있는데 어려운 곳에서 찾으니, 사람마다 자신의 어버이를 친애하고 어른을 공경하면 천하는 태평해질 것이다."6 「이루 상 11」

이렇듯 쉬운 일을 미루어 실천하면 사람의 도리를 다할 수 있고, 왕의 입장에서는 착한 마음을 미루어 왕도 정치를 실현할 수 있다는 거죠. "군자의 도는 비유하자면, 먼 길을 가는 일은 반드시 가까운 곳에서 시작하고, 높은 곳을 오르는 일은 반드시 낮은 곳에서 시작해야 하는 것과 같다.〔君子之道 辟如行遠必自邇 辟如登高必自卑〕"(『중용 中庸』)라는 말이 있어요. 높은 곳에 오르려면 차근차근 단계를 밟아서 가야지, 급하다고 바늘허리에 실을 꿰어 못 씁니다. 나와 가까운 일, 즉 내가 실천할 수 있는 일부터 묵묵히 해내다 보면 우리는 시나브로 목표에 도달한 자신을 발견할 수 있을 겁니다.

사회 변혁과 자기 변화 중 무엇이 먼저인가요?

윤후

개인의 문제는 사회의 문제와 뗄 수가 없다고 생각해요. 교육 문제만 해도 개인의 의지와 노력만으로는 해결되지 않잖아요. 그런데 문제의 원인을 외부에서 찾기보다 우선 자신에게서 찾아야 한다는 말씀은 개인에게 너무 무거운 책임을 지우는 게 아닌가 하는 생각이 들어요.

김 샘

저도 본문에서 그 점을 살짝 언급했어요. 그러나 사회 구조는 쉽사리 바뀌지 않아요. 인간의 삶은 짧아요. 내가 해결할 수 있는 삶의 문제는 일단 내가 해결해야 한다는 취지로 말한 겁니다.

윤서

저도 윤후의 말에 공감해요. '문제의 원인은 너다', '네 탓이다', '네 노력 부족이다', 더 나아가서 '노력을 더하면 너는 할 수 있다'라는 말은 잘못된 구조의 탓을 학생들에게 전가하고, 아무 불평하지 말고 공부만 열심히 하라는 뜻으로 들려요.

김 샘

사실 그 대목은 저도 별로 할 말이 없네요. 아주 정확한 지적입니다. 최근에 재독 철학자 한병철의 『피로사회』를 읽어 보니, 거기에 중요한 통찰이 있더군요. 대체로 내용은 '피로사회'는 끊임없이 '너는 할 수 있다'고 속삭여서 '자신이 자신을 알아서 착취'하게 만든다는 거예요. '할 수 있다'를 너무 강조하면 그런 폐해가 있다는 거죠.

윤서

학급에 붙어 있는 급훈들을 보면 그래요. '지금 잠을 자면 꿈을 꾸지만 잠을 이기면 꿈을 이룬다', '책을 베개로 쓰면 죽는다', '포기는 배추를 셀 때 쓰는 말이다', '칠판은 트와이스고 교과서는 여자친구다', '대학의 문은 좁지만 우리는 날씬하다' 등등요.

김 샘

더 심한 말이 있더군요. '그 얼굴에 공부까지 못하면 안습이다', '삼십 분 더 공부하면 내 남편 직업이 바뀐다'까지 오면 선을 넘었다는 생각이 들어요. 그러다 '자려면 자! 놀려면 놀아! 대기업은 널 받아 주지 않아도 서울역은 널 받아 줄 테니까'에 이르면 이건 선의를 가장한 협박이죠.

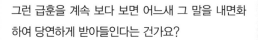

윤후

그런 급훈을 계속 보다 보면 어느새 그 말을 내면화하여 당연하게 받아들인다는 건가요?

김 샘

맞아요. 아무튼 맹자의 의도는 사랑과 의로움을 실천하는 점에서는 결코 자신을 버리고 해치지 말라는 메시지입니다. 또 하고 싶은 말은 이거예요. '피로사회'는 우리 사회의 문제점을 잘 포착한 개념이긴 합니다만, 그건 통찰일 뿐이라고 생각해요. 그런 '피로사회'에서 우리가 해야 할 일은 이 통찰을 넘어선 자신의 '변화'입니다. 넋 놓고 주저앉아 있을 수는 없잖아요.

그러면, 맹자는 자신의 변화에 대해 뭐라고 했나요?

윤후

김 샘

맹자의 대답은 '하지 않는 일'과 '할 수 없는 일'을 구분하라는 겁니다. 사실 할 수 없는 일은 없다, 즉 뭐든 다 할 수 있다는 말은 거짓말이에요. 분명 아무리 노력해도 할 수 없는 일도 있어요. 그렇지만 할 수 있는데도 하지 않은 일의 결과는 본인이 책임을 져야 해요. 그것마저 변명하지는 말아야겠죠. 말을 하다 보니 잔소리 같네요. 하하!

역시 선생님다운 말씀이시네요. 흠흠!

윤서

김 샘

맹자의 말씀을 조금 넓혀서 우리 사회를 본다면, 정말 필요한 말씀이기도 해요. 종교 사이의 몰이해나 사회 계층 간의 불화, 남과 북의 대립 등 각종 사회 문제의 이면에는 자기만 옳다는 독선獨善이 자리 잡고 있거든요. 제 탓 대신 남 탓만 하는 꼴이죠.

학기 초에 '학급 규칙'을 정할 때 '지각비'에 대해 토론을 한 적이 있어요. 찬반이 팽팽했죠. 저는 개인적으로 '지각비'에 대해 반대입니다만, 그저 입 다물고 학생들의 토론을 지켜봤어요. 다들 각자 자신의 경험을 바탕으로 의견을 냈어요. 그중 두 학생이 비교적 뚜렷한 논거를 가지고 의견을 표명했는데, 결국 한 학생이 자신의 의견을 철회했어요. 결론은 지각비를 걷지 말자는 거였죠. 그런데 저는 지각비를 걷자는 의견을 철회한 학생이 참 멋있어 보였어요. '아! 저렇게 남의 말에 귀를 기울일 줄 아는 학생이 나중에 국회로 가야 한다'고 생각했어요. 하하!

마음의 중심을 잡으라

세상에서 제일 다잡기 어려운 것이 마음이죠. 마음이란 눈으로 볼 수도 귀로 들을 수도 없어요. 송나라 학자 진덕수眞德秀는 유교 경전 가운데서 마음에 관한 것을 모아 『심경心經』을 엮었는데 『맹자』에서 인용한 구절이 많습니다. 맹자도 마음에 관심이 많았던 거죠.

맹자에 따르면, 인간이 성취해야 할 네 가지 덕인 인의예지는 완전한 상태로 주어지지 않고 단서[端], 즉 가능성의 형태로 인간에게 부여되었습니다. 가능성을 현실로 만드는 일은 마음[心]이 해요. 그러나 마음만큼 흔들리기 쉬운 것도 없지요. 감각적 욕구나 육체적 충동, 혹은 사람들의 말과 같은 여러 요소 때문에 한순간에도 요동을 칩니다.

마음이 흔들리지 않는다

인간의 마음은 인의예지로 발현되지 못하는 경우가 흔히 발생해요. 그래서 맹자는 그 발현을 위해서는 마음이 흔들리지 않아야 한다고 했습니다. 이를 '부동심不動心'이라 표현했어요.

> 공손추가 물었다. "선생님께서 제나라의 경상卿相 자리에 오르시어 도道를 행할 수 있게 되신다면, 비록 이 때문에 패업霸業이나 왕업王業을 이루시더라도 선생님의 능력이라면 이상할 것이 없습니다. 그렇게 되신다면 마음이 흔들리실까요, 안 흔들리실까요?" 맹자가 말했다. "흔들리지 않을 것이다. 나는 마흔이 되고부터 마음이 흔들리지 않았다."[7] 「공손추 상 2」

맹자는 부동심은 어려운 일이 아니라고 말합니다. 제자 공손추가 물어요. "선생님께서 제나라에서 중책을 맡아 국정을 펼쳐 나가신다고 가정해 보겠습니다. 선생님의 능력이라면 제나라를 부강한 나라로 만들거나 더 나아가 선생님이 그토록 원하시는 왕도 정치를 펼칠 수도 있을 텐데요, 그런 책임 있는 자리에 나아가 정치를 하게 된다면 그래도 마음이 흔들리시겠죠?" 맹자는 짧고 단호하게, 확신에 찬 어조로 말합니다. "흔들리지 않을 것이다. 나는 마흔이 되고부터는 마음이 흔들리지 않았다." 맹자는 이미 "선비는 곤궁해도 의로움을 잃지 않고, 영달해도 도를 떠나지 않는다.〔士窮不失義 達不離道〕"(「진심 상 9」) 하는 경지에 이른 거죠.

부동심의 경지에 이르기 위해 맹자가 제시한 방법을 알아볼까요? 첫째는 굳센 기운을 기르는 일입니다. 즉 호연지기浩然之氣를 키워야 해요. 둘째는 타인의 말에 담긴 의도와 진위를 간파해 내는 능력을 키워야 합니다. 즉 '남이 한 말의 의도를 안다'는 뜻으로 이를 '지언知言'이라 했습니다. 일상에서 남의 말에 휘둘려서 마음이 흔들릴 때가 얼마나 많나요.

맹자는 호연지기와 지언을 말하기 전에 용기에 대해 먼저 말합니다. 그는 '부동심'을 '어떠한 외물外物의 자극에도 흔들리지 않는 용기'와 유사한 것으로 간주하여 설명합니다. 그러나 이러한 용기를 키우는 것만으로는 부동심을 지녔다고 말할 수 없다고 보았죠. 궁극적으로 부동심이란 내면화된 용기, 즉 외물의 존재와 변화에 영향을 받지 않는 마음의 상태를 가리키고, 이를 위해서는 수양이 전제되어야 한다고 했습니다.

맹자가 말하는 용기에 대해 알아볼까요? 그는 용기를 둘로 나누었습니다. 인간의 실천적 행동을 통해 얻어지는 용기와 혈기의 단련을 통해 이루어지는 용기가 그것인데, 이를 각기 '의리지용義理之勇'과 '혈기지용血氣之勇'이라 합니다. 혈기지용은 쉽게 말해 혈기에서 발생하는 용기입니다. '욱' 하는 기운 때문에 상대방에게 화를 내거나 상대방과 다투는 것을 연상하면 됩니다. 반면에 의리지용은 용기를 낼 만한 정당한 일에 용기를 내는 것을 말합니다. 혈기지용이 육체에 기반을 두었다면, 의리지용은 마음에 기반을 두었어요.

작은 용기와 큰 용기

맹자는 혈기지용의 구체적 사례로 북궁유北宮黝와 맹시사孟施舍의 용기를 들었고, 의리지용의 구체적 사례로 증자曾子의 용기를 들었습니다.

북궁유는 상대의 칼에 피부가 찔려도 움찔하지 않고, 남이 눈을 찌르려 해도 눈동자를 돌리지 않았고, 상대방이 천한 사람이든지 높은 임금이든지 가리지 않고 반드시 보복하려 한 사람이었어요. 반면에 맹시사는 객관적인 상황을 살피거나 결과 자체에 신경을 쓰지 않고 '이길 수 없는 상대를 보고도 이길 것처럼 여겨' 부동심의 경지에 이른 사람이었어요. 즉, 북궁유가 상대를 불문하고 반드시 이기려는 자세로 부동심을 얻었다면, 맹시사는 승패와 상관없이 두려워하지 않는 마음을 키워서 부동심을 얻은 것입니다.

맹자는 이들에 대해 "맹시사는 증자와 비슷하고 북궁유는 자하子夏와 비슷하다. 두 사람의 용기 중에서 어느 것이 나은지는 모르겠지만 맹시사는 핵심을 잘 지켰다."라고 평가했습니다. 공자의 제자인 자하는 내면의 수양보다는 외적인 규범인 예禮를 공부하는 데 힘을 쏟은 반면, 증자는 자신의 내면을 성찰하고 수양하는 데 주력했어요. 맹자는 북궁유와 달리 맹시사가 핵심을 잡았다고 했는데, 여기서 용기의 핵심이 마음과 관계되었다는 점을 짐작할 수 있어요. 북궁유가 지킨 것이 육체와 관련된 용기라면 맹시사가 지킨 것은 내면의 용기인 셈이죠. 그러나 맹자가 보기에 북궁유와 맹시사의 경지는 고만고만한 도토리 키 재기일 뿐입니다. 진정한 용기는 증자에게 보인다고 했어요.

> "옛날에 증자가 제자인 자양에게 말했다고 한다. '자네는 용기를 좋아하는가? 내가 일찍이 선생님께 용기에 대해 들은 적이 있다네. 나 스스로 반성하여 정직하지 않다면 누더기를 걸친 천한 사람이라도 내가 그를 두렵게 여기겠지만, 나 스스로 반성하여 정직하다면 천만 사람이라도 내가 대적할 수 있다네.' 맹시사가 기氣를 지키는 방법은 증자가 자신의 내면을 지키는 방법만큼 요령을 얻지는 못했다."8 「공손추 상 2」

증자는 나 스스로 반성하여 정직하다면 비록 천만 명이 있더라도 가서 그들을 대적할 수 있다고 했습니다. 스스로 반성하여 얻은 정직함이야말로 도덕적 의리를 바탕으로 한 진정한 용기인 의리지용이에요. 맹자에게 큰 용기란 '하늘을 우러러 한 점 부끄럼이 없는' 마음이고, 하늘이 부여한 선한 마음, 즉 사단을 인의예지(사덕)로 확충할 수 있는 용기를 말합니다.

부동심을 기르는 법

맹자는 부동심의 수련을 위해 '호연지기를 기르는 것'과 '남의 말 간파하기' 두 가지 방법을 제시했습니다. 차례로 볼까요?

> 맹자가 말했다. "(……) 뜻(마음)은 기氣를 거느리는 장수인 셈이고 기는 몸에 가득 차 있는 것이니, 뜻이 가장 중요하고 기가 그다음이다. 그러므로 '그 마음을 단단히 잡고서 그 기도 함부로 해치지 마라.'고 한 것이다." 공손추가 물었다. "'마음이 가장 중요하고 기가 그다음이다.'라고 말씀하셨으면서도, 다시 '그 마음을 단단히 잡고서 그 기도 함부로 해치지 마라.'고 하신 것은 무슨 이유입니까?" 맹자가 말했다. "마음이 한결같으면 기가 움직이듯이, 기가 한결같으면 마음도 움직이는 법이다. 예를 들면 넘어지거나 달리는 것은 기의 작용이지만 도리어 그 마음을 움직이게 한다."[9 「공손추 상 2」]

맹자가 말하는 '기氣'는 감각적 욕구 및 육체적 충동, 기운을 아우르는데, 그는 기의 근원을 마음으로 간주했습니다. 그래서 마음의 의지는 기를 이끄는 장수요, 몸을 가득 채우고 있는 기는 마음의 명령에 복종하는 부하로 마음과 기의 관계를 규정했습니다. 그러나 달리다가 뜻하지 않게 넘어지듯이 자신의 의지와 관계없는 기의 작용이 일어날 수 있고, 심지어 이런 기의 작용이 당황함, 조급함 등 마음의 동요를 일으킬 수 있다고 보았어요.

길을 가다가 돌부리에 걸려 넘어져 보았죠? 이건 내 몸이 내 의지와 상관없이 일으킨 일이에요. 그런데 그것 때문에 내 마음이 당황합니다. 다시 말하면, 인간의 모든 행동이 꼭 내 생각과 의지대로만 일어나지는 않고, 의지가 개입되지 않은 행동이 도리어 마음에 영향을 줄 수도 있다는 겁니다. 그러하기에 마음의 의지뿐만 아니라 기 자체도 바르게 길러야 합니다. 그래서 맹자는 부동심을 위한 수련의 방법으로 우선 호연지기를 키우고, 수련하는 과정을 통해 기 자체도 도덕적인 방향으로 작용하도록 노력해야 한다고 말한 것입니다.

호연지기란 무엇인가

우리가 일상에서 많이 쓰는 호연지기란 말이 『맹자』에서 나왔습니다. 호연지기 하면 흔히들 높은 산을 타박타박 올라 정상에 도달한 뒤에 느끼는 호쾌한 기분을 가리킨다고 이해하지만, 맹자가 말한 호연지기는 그런 게 아닙니다.

공손추가 말했다. "감히 여쭙겠습니다만, 무엇을 일러 호연지기라 합니까?" 맹자가 말했다. "말하기 어렵다. 이 호연지기란 지극히 크고 지극히 강한데, 곧은 도의道義로 잘 기르고[直養] 해치지 않으면 천지 사이에 가득 차게 된다. 이 호연지기는 의義와 도道를 짝으로 삼기 때문에 도의가 없으면 위축되고 만다. 이것은 의로운 행동을 차곡차곡 쌓아야[集義] 생겨나지 어떤 행동 하나가 의에 부합한다고 해서 갑자기 얻어질 수 있는 것이 아니다. 자신의 행동이 마음에 흡족하지 않은 점이 있으면 이 호연지기는 쪼그라들고 만다."[10]

「공손추 상 2」

'호연浩然'은 넓고 큰 모습을 표현하는 의태어입니다. 그러니까 호연지기는 크고 넓고 왕성하게 뻗친 기운을 뜻합니다. 맹자는 흔들리지 않는 굳센 마음을 얻으려면 호연지기를 길러야 한다고 했습니다. 호연지기는 '기운[氣]'이므로 육체에 기반하지만, 이를 기르는 데는 도와 의 같은 마음의 도움이 필요해요. 따라서 도의가 없으면 '호연'하던 '기운'은 쪼그라들고 맙니다. 방법은요? 착한 일을 평소에 차곡차곡 쌓아 가는 겁니다. 한두 번 좋은 일을 했다고 성취할수는 없어요. 다시 말해, 정직함을 기르고 도덕적인 행위를 날마다 실천에 옮겨야만 호연지기가 얻어집니다. 그러니 우리가 알고 있는 것처럼 높은 산에 올라가 탁 트인 경치를 보며 마음이 후련해지는 그런 기분은, 맹자가 말하는 호연지기의 본뜻과 무관합니다. 또한 해병대 캠프에서 극기 훈련을 통해 체험되는 것도 아니에요.

앞서 맹자의 사상을 나무의 성장에 비유했어요. 씨앗과 뿌리에 해당하는 것이 사단과 사덕, 성선설이라면, 그 꽃과 열매는 왕도 정치, 민본주의에 해당하지요. 그럼 뿌리로부터 줄기를 통해 꽃과 열매를 맺기 위해 물을 포함한 영양분을 실어 날라야 합니다. 삼투압 같은 게 필요하지요. 그 삼투압이 바로 호연지기입니다. 그러니까 『맹자』의 사상은 거칠게 도식화하면, 인성론(人性論: 씨앗과 뿌리, 사단과 사덕, 성선설) → 수양론(修養論: 줄기와 가지, 호연지기) → 정치론(政治論: 꽃과 열매, 왕도 정치, 민본주의)으로 표현할 수 있습니다.

호연지기를 기르는 방법

앞에서 호연지기의 방법으로 짧게 직양(直養: 정직함을 기르는 일)과 집의(集義: 도덕적 행위를 지속적으로 실천에 옮기는 일)를 제시했습니다. 그러나 그것으로도 호연지기에 대한 설명이 부족했던지 맹자는 우화 한 편으로 자신의 호연지기 이론을 설명합니다.

맹자가 말했다. "(……) 반드시 호연지기를 기르는 노력을 끊임없이 하면서도 그 노력의 결과를 미리 기대하지 말아야[勿正] 하고, 마음속에 항상 그 목표를 잊어서도 안 되[勿忘]지만 그 효과를 얻기 위해 억지로 조장助長해서도 안 된다. 다음의 저 어리석은 송나라 사람처럼 해서는 안 된다. 송나라 사람 중에 자신의 논에 벼 싹이 잘 자라지 않는 것을 안타깝게 여겨 싹을 뽑아 올려 준 자가 있었다. 그가 헐레벌떡 피곤한 기색으로 집에 돌아왔다. 집안사람들에게 말했다. '오늘 내가 몹시 피곤하구나. 내가 벼 싹이 잘 자라도록 도와주고 왔다.'라고 하였다. 그 아들이 달려가서 보니 벼 싹이 바짝 말라 죽고 말았다. 천하에는 이처럼 벼 싹이 자라도록 억지로 조장하는 자가 많다. 호연지기를 무익하다고 여겨 내팽개치는 것은 벼 싹을 김매지 않는 것과 같고, 억지로 호연지기를 기르는 것은 벼 싹을 뽑아 올려 주는 것과 같다. 억지로 조장하는 것은 무익할 뿐만 아니라 그 자체까지 해치게 된다.″11 「공손추 상 2」

송나라 농부 이야기입니다. 그는 자기 논의 벼가 잘 자라지 않아서 무척 근심했어요. 벼가 빨리 자라야 추수를 하고 그래야 배불리 먹을 수 있을 텐데 말이지요. 그래서 조급한 마음에 어느 날 논에 가서 벼를 우쑥 뽑아서 올리는 어리석은 짓을 하고 말았습니다. 완전히 뽑지는 않았겠지요. 그러고는 헐레벌떡 피곤함이 역력한 기색으로 가족들에게 말합니다. "오늘 내가 병이 나게 생겼다. 논에 가서 벼가 잘 자라도록 도왔거든." '우리 아빠 오늘 이상해. 사고 친 게 분명해'라며 의심한 아들이 부리나케 달려가 보았더니, 아뿔싸! 벼의 싹이 모두 말라비틀어진 게 아닙니까! 벼의 싹이 잘 자라게 하려면 어떻게 해야 하나요? 피와 잡초를 뽑아 주고 매일매일 정성껏 돌보며 기다려야지요. 성장이 더디다고 싹을 뽑아 올린대서야 어찌 되겠습니까?

맹자는 여기서 호연지기를 기르는 방법을 세 가지로 제시합니다. '물정勿正', 즉 미리 노력의 결과를 예견하지 말라고 했습니다. 밥을 할 때도 뜸을 들여야 하지요. 성급하면 생쌀을 씹게 됩니다. 둘째는 '물망勿忘', 즉 마음속에서 그 목표를 잊지 말라고 했습니다. 어떤 일이든 목표를 정해 찬찬히 뚜벅뚜벅 버텨 나가지 못한다면 이룰 수 있는 일이 아무것도 없습니다. 셋째는 그 유명한 '조장助長'입니다. 조장의 뜻은 '바람직하지 않은 일을 더 심해지도록 부추김'입니다. 무엇이 필요할까요? 기초와 기본입니다.

다음은 '학문의 태도'에 관한 주희의 말씀입니다만, 송나라 농부 이야기를 설명하기에 맞춤한 비유라 소개합니다.

만일 아직 학문에 입문하지 못한 상태라면 다그쳐 공부해서도 안 되고 쉬엄쉬엄 공부해서도 안 된다. 이 도리를 알았다면 반드시 중단하지 말고 공부해야 한다. 만일 중단한다면 공부를 이루지 못한다. 다시 시작하자면 또 얼마나 힘이 들겠는가. 이는 비유컨대 닭이 알을 품는 것과 같다. 닭이 알을 품고 있지만 뭐 그리 따뜻하겠는가. 그러나 늘 품고 있기 때문에 알이 부화되는 것이다. 만일 끓는 물로 알을 뜨겁게 한다면 알이 죽고 말 것이며, 품는 것을 잠시라도 멈춘다면 알이 식고 말 것이다. 「주자어류朱子語類」

'조장'의 주인공 송나라 농부와 우리가 꼭 유념하고 새겨야 할 내용입니다. 목표를 성취하는 일은 닭이 알을 품는 것과 같아요. 알이 부화되어 병아리로 나오는 것이 목표가 되겠죠. 결과를 미리 기대해서는 안 되죠. 이게 앞서 말한 '물정'입니다. 알을 품는 일을 멈춘다면 알은 식고 말 것이므로 계속 알을 품고 있어야 하지요. 목표를 잊어서는 안 됩니다. '물망'이지요. 알을 조급히 부화하려고 끓는 물로 알을 뜨겁게 하면 알이 죽고 맙니다. '조장'입니다.

송나라 농부 이야기가 나온 김에 덧붙이자면, 춘추 시대에 은殷나라 유민의 나라인 송나라는 망국의 후예라는 조롱과 멸시의 대상이었어요. 토끼가 가끔 그루터기에 머리를 부딪쳐 죽자 농부가 농사를 팽개치고 그루터기만 죽치고 지켜보며 토끼가 부딪쳐 죽기만을 기다렸다는 이야기를 들어 봤죠? 이 사자 성어가 뭘까요? 바로 '수주대토守株待兎'죠. 『한비자』에 실린 이 이야기의 멍청한 주인공 역시 송나라 농부였어요.

남의 말 뜻 간파하기

맹자는 기와 함께 부동심을 위해 수련해야 할 방법으로 호연지기와 지언知言을 들었습니다. 이번에는 지언에 대해 알아보겠습니다. 마음이 반영된 것이 말이지만, 역으로 말이 마음에 영향을 준다고 보았어요. 여기서 말은 『맹자』의 문맥에서 보자면, 일반적인 타인의 말을 포함하여 당시에 대단히 영향력이 컸던 양주楊朱나 묵적墨翟 등 맹자와 반대편에 있던 사상까지를 통틀어 가리키는 것으로 보여요. 그러니 타인의 말이나 사상에 마음이 흔들리지 않기 위해서는 그 의도와 진위를 파악할 수 있는 능력, 즉 '지언'의 능력이 필요하겠죠.

> 공손추가 말했다. "무엇을 일러 남의 말을 안다고 합니까?" 맹자가 말했다. "남의 치우친 말을 들으면 그 사람이 무언가에 가려져 있음을 알고, 정도를 벗어난 지나친 말을 들으면 그 사람이 무언가에 빠져 있음을 알며, 부정한 말을 들으면 그 사람이 올바른 도리에서 벗어나 있음을 알고, 둘러대는 말을 들으면 그 사람이 논리가 궁한 것을 알 수 있다. 이 네 가지 말은 마음에서 생겨 나와 정치에 해를 끼치게 되며, 이 말이 정치에 반영되면 세부적 실행에 해를 끼치게 된다. 성인이 다시 살아나시더라도 틀림없이 내 말을 인정하실 것이다."[12] 「공손추 상 2」

맹자는 올바르지 못한 말로 네 가지를 들었어요. 편견에 치우친 말, 도를 넘어 지나치게 함부로 내뱉는 말, 사악하고 거짓된 말, 두

루뭉수리 둘러대는 말이 그것입니다. 이런 말들은 무슨 문제가 있나요? 치우친 말은 실체를 숨기고 무언가에 가려진 마음에서 나오고, 지나친 말은 어딘가에 푹 빠진 마음에서 나오고, 사악한 말은 바른 도리를 벗어난 마음에서 나오고, 두루뭉수리 둘러대는 말은 궁지에 몰린 마음에서 나온다고 보았습니다. 맹자가 지언을 강조한 이유는, 올바르지 못한 말들은 비록 왕, 개인의 마음에서 나오지만 정치를 어지럽히는 결과를 낳고 궁극적으로 백성들에게 해를 끼치게 된다고 보았기 때문입니다.

오래된 게 낡은 건 아니다

인간은 무엇인가? 인간다움의 잣대는 무엇인가? 동서양의 철학자들이 골몰해 온 주제입니다.

우선 맹자는 인간이 태어나 맺는 관계를 다섯 가지(부자, 군신, 부부, 장유, 붕우)로 규정하고, 이 다섯의 관계[五倫] 속에서 삶을 영위할 수밖에 없다고 보았어요. 그러므로 인간다움인 인의예지는 다섯 관계를 실현하기 위해 존재하고, 또한 다섯 관계를 삶 속에 잘 실천해야 보존되기도 합니다.

맹자는 효를 우리 마음의 네 가지 덕성인 인의예지를 구체화할 수 있는 실마리로 보았어요. 뒤집어 말하면 인의예지는 효를 통해 실현된다는 뜻이지요.

맹자가 말했다. "인의 실제는 부모를 섬기는 것이고, 의의 실제는 형을 따르는 것이다. 지의 실제는 이 두 가지, 즉 효제를 알아 그것으로부터 떠나지 않는 것이다. 예의 실제는 이 효제를 절차와 형식으로 만드는 것이다. 음악의 실제는 이 두 가지를 즐기는 것이다. 즐기게 되면 효제의 마음이 우러나오게 되는데, 우러나오면 그 마음을 어찌 그만둘 수 있겠는가? 그만둘 수 없게 되면 자신도 모르는 사이에 손과 발이 춤추듯이 인의를 행하게 될 것이다."[13] 「이루 상 27」

맹자는 인·의·예·지·악 다섯 가지 덕목을 효제로 설명하고 있어요. 그만큼 그는 효를 중시했습니다. 『논어』 「위정」에도 유약有若의 말로 "효제라는 것은 인을 실천하는 근본이다."라고 한 것을 보면, 공자와 맹자의 유학儒學은 효를 인간다움을 실현하는 중요한 사다리로 여겼던 것을 알 수 있습니다.

'효孝'는 늙은이[老]와 아들[子]이 결합한 상형자입니다. 그러니까 늙은 어버이를 아들이 업고 있는 모습이지요. 업고 있는 형상은 잘 모신다는 뜻을 품고 있습니다. 동양에서 효의 대명사로 불리는 분이 바로 증자曾子입니다. 증자는 『효경孝經』을 엮었다고 전해지는데, 이 책은 유학의 근본 경전인 13경經에 들기도 합니다.

『맹자』에도 효에 관한 증자의 일화가 여럿 나와요. 이 일화를 가지고 효의 의미를 잠깐 살펴볼게요. 거창한 이야기입니다만, 사람이 죽는다는 사실만큼 움직일 수 없는 진리는 세상에 없어요. 우리가 어떤 가정에서 태어난 것은 자신이 선택한 일이 아니죠. 운명이에요. 그 운명만큼 질긴 게 없어요. 무슨 말이냐? 싫든 좋든 가족, 특히 부모 자식 관계는 쉽사리 벗어날 수 없다는 말입니다.

그런데 이런 철학적인 가족 '관계'는 뜻밖에도 구체적이고 사소한 일상에서 그 모습을 드러냅니다. 피로 연결된 인륜人倫의 문제는 같이 밥을 먹는 생활의 공유에서 나타납니다. 그렇지 않은가요? 일상생활의 많은 부분은 밥을 먹는 일입니다. 가족을 다른 말로 식구食口라고도 하잖아요. 그러므로 일가一家를 이룬다는 것은 평생 세 끼 밥을 함께 먹을 식구를 모으는 일이라고 할 수 있지요.

증석曾晳이 생전에 대추를 몹시 좋아했다. 아버지 증석이 돌아가신 뒤에 증자(증삼)는 차마 대추를 먹지 못했다. 맹자의 제자 공손추가 물었다. "회와 불고기를 대추와 비교하면, 어떤 것이 더 맛있습니까?" 맹자가 대답했다. "그야 당연히 회와 불고기지." 공손추가 물었다. "그렇다면 증자는 어찌하여 아버지께서 드시던 회와 불고기는 드시면서 대추는 드시지 않으셨습니까?" 맹자가 대답했다. "회와 불고기야 모든 사람이 좋아하는 음식이고, 대추는 그의 아버지가 유독 즐기시던 음식이기 때문이다. 예를 들면 사람의 이름은 함부로 부르기를 꺼려 하지만, 그 사람의 성씨는 부르기를 꺼려 하지 않는 것과 같다. 왜냐하면 성은 같은 성씨라면 함께 사용하지만, 이름은 그 사람만 홀로 쓰기 때문이다."[14] 「진심 하 36」

아마도 스승 맹자가 제자인 공손추에게 퀴즈를 냈던 모양이에요. "증석이 대추를 좋아했는데, 증석이 죽은 뒤에 아들 증자는 대추를 차마 먹지 못했다. 이게 무슨 뜻이냐?" 제자 공손추는 그 뜻이 알쏭달쏭했어요. 그래서 아버지 증석도 즐겼던 대추를 증자가 왜 먹지 않았는지 맹자에게 되묻습니다. 달변의 맹자가 대답합니다. 대추는 아버지 증석이 유독 즐기던 것이기 때문이라고요. 효자인 증자(증삼)는 아버지가 생전에 좋아하시던 대추만 보면 아버지 생각에 울컥 하여 눈물을 참지 못했어요. '차마' 대추를 먹지 못했던 것이죠.

"증자(증삼)가 증석을 봉양할 적에 반드시 밥상에 술과 고기를 올렸다. 밥상을 물리려 할 때면 언제든지 남은 고기와 술을 누구에게 주고 싶은지를 여쭈었다. 그래서 증석이 '남은 것이 있느냐?'라고 물으면 반드시 '있습니다.'라고 대답했다. 증석이 죽고 나자 증자의 아들 증원曾元이 증자를 봉양했는데, 반드시 술과 고기를 밥상에 올렸다. 그런데 이번에는 밥상을 물릴 때에 남은 고기를 누구에게 주고 싶은지를 묻지 않았다. 증자가 '남은 것이 있느냐?'라고 물으면 증원이 '없습니다.'라고 대답하였다. 그 음식을 다시 올리려 했기 때문이다. 이것은 앞에서 말한, 부모의 입과 몸만 받들었다는 것이다. 증자처럼 해야 부모의 뜻을 잘 받들었다고 할 수 있다. 부모

를 섬기는 일은 증자처럼 해야 옳다."^{15「이루 상 19」}

증삼이 아버지 증석을 봉양할 때, 반드시 밥상에 좋아하시던 술과 고기를 올렸습니다. 요즘이야 고기가 흔하지만 예전에는 아무나 먹을 수 있는 음식이 아니었지요. 밥상을 물릴 때에 반드시 증삼이 먼저 아버지에게 남은 음식을 누구에게 줄지를 여쭈었습니다. 아버지의 뜻을 받든 것이지요. 그런데 아들 증원이 증삼을 모실 때는 남은 음식을 누구에게 줄지를 여쭙지 않았고 남은 음식이 있냐고 물으면 '없다'고 잘라 말합니다.

맹자는 이 두 사람의 효에 대한 태도를 평가합니다. 증원은 부모의 입과 몸만 봉양한 자이고 증삼은 부모의 뜻을 잘 받든 자라고 말합니다. 진정한 효란 부모에게 귀한 음식을 올린다는 자기만족이 아니라 부모의 뜻과 마음을 잘 살펴 받드는 일이라고 보았기 때문이에요. 그래서 진실된 효를 '양지養志'라 했습니다.

『논어』「위정」에도 이런 구절이 있어요. "오늘날의 효는 물질적인 봉양만을 말한다. 개와 말도 주인이 먹여 준다. 공경함이 없다면 무엇으로 부모 봉양과 개와 말을 먹여 줌을 구별하겠는가?〔今之孝者 是謂能養 至於犬馬 皆能有養 不敬 何以別乎〕"

뭣이 중헌디, 천자의 자리와 어버이

『맹자』는 또한 고대 중국의 전설적인 제왕인 순舜임금을 효의 대명사로 기립니다. 순이 임금이 되기 전의 일입니다. 순의 이복동생이 순을 죽이지 못해 안달이고 계모도 말할 것이 없으며 심지어는 순의 아버지까지도 이 계획에 동참합니다. 그런데 순의 효심은 요지부동입니다. 물론 미심쩍은 구석이 많은 이야기입니다.

> 도응桃應이 물었다. "순舜임금이 천자이고 고요皐陶가 옥관獄官일 경우에 순임금의 아버지 고수瞽瞍가 사람을 죽였다면 어떻게 해야 합니까?" 맹자가 말했다. "고요는 법대로 집행할 뿐이다." 도응이 말했다. "그렇다면 순임금이 못하게 막지 않았을까요?" 맹자가 말했다. "순임금이 어찌 막을 수 있겠는가? 법은 대대로 전수된 바가 있다.(고요는 살인자를 체포해야 할 임무가 있다.)" 도응이 물었다. "그렇다면 순임금은 어떻게 행동해야 합니까?" 맹자가 말했다. "순임금은 천하를 버리기를 헌신짝 여기듯 하였으니 아버지를 몰래 업고 도망가서 바닷가에 살면서 종신토록 기뻐하며 천하를 잊었을 것이다."16 「진심 상 35」

제자 도응이 묻습니다. 만약에 순임금의 아버지가 사람을 죽였다면 천자인 순임금은 어떻게 처신해야 하며 옥사를 담당한 옥관인

고요는 어떻게 처신해야 하느냐고요. 쉽게 대답하기 어려운 문제인데 맹자의 대답은 간명합니다. "순임금은 아마 천자의 직위를 헌신짝처럼 버리고 아버지를 몰래 업고 도망가서 바닷가에 살면서, 아버지를 모실 수 있다는 마음에 죽을 때까지 기뻐하며 자신이 다스리던 천하를 잊었을 것이다." 이런 딜레마에 빠졌을 때 처신하기가 얼마나 어렵겠습니까? 실제 일어난 일이 아니라, 도응의 가정에 맹자가 추론하여 답한 것입니다. 아무튼 이런 이유로 순임금은 효의 화신으로 칭송되었습니다.

이와 관련한 『공자가어孔子家語』의 한 대목이 주의를 끕니다. 앞서 예를 든 증삼과 아버지 증석의 일화입니다. 하루는 증삼이 밭에서 막 싹이 올라오고 있는 오이의 싹을 밟아 부러뜨리고 말았어요. 이를 본 증석이 화가 나서 손에 집히는 큰 몽둥이를 들어서 아들 증삼의 등짝을 후려쳤습니다. 증삼은 자신의 잘못을 속죄한다는 의미에서 몽둥이를 피하지 않았어요. 급기야 몽둥이에 정통으로 얻어맞은 증삼이 의식을 잃고 쓰러졌다가 한나절이 지나서야 겨우 정신을 차립니다. 증삼은 여전히 등이 아팠지만 웃는 얼굴을 하고 아버지에게 찾아가서 이렇게 말했다고 합니다. "아버지, 아까 제가 잘못한 데 대해 교훈을 내려 주셨습니다. 그런데 저를 때린다고 너무 힘을 쓰셔서 손을 삐지나 않으셨는지요?" 그러고는 자기 방으로 돌아가서 평상시처럼 거문고를 타며 노래를 불렀어요. 자신이 아무렇지도 않으며 원망하는 마음이 전혀 없다는 것을 아버지에게 보여 주려는 마음에서였죠.

이 일을 전해 들은 스승 공자는 노발대발하며 증삼이 찾아오거든 절대로 안으로 들이지 말라고 엄명을 내립니다. 문전박대를 당한 증삼이 도대체 자신이 무얼 잘못했는지 알 수가 없어서 다른 사람을 통해 공자의 의중을 알게 됩니다. 공자의 의도는 이런 것이었어요.

"옛적에 순임금은 눈먼 아버지가 작은 회초리로 때리면 그냥 맞았다. 하지만 큰 몽둥이로 때리면 얼른 도망을 갔다. 말도 안 되는 이유로 폭력을 휘두를 때 그대로 맞고만 있다가는 다치거나 죽을 수도 있기 때문이다. 그런데 증삼은 제 아비가 큰 몽둥이로 때리는데도 피하지 않았다고 의기양양해하고 있다. 증삼이 그 몽둥이에 맞아 죽었다면 그 아버지는 아들을 때려 죽였다는 오명에 평생 시달렸으리라. 이보다 큰 불효가 어디 있단 말이냐?"

스승의 말을 전해 들은 증삼이 크게 깨달았다고 해요. 부모의 부당한 폭언과 폭력에는 오히려 도망을 가는 게 효라는 겁니다. 사리 분별 없이 무조건 복종하는 것은 불효예요. 고정불변의 진리란 없어요. 만약 있다고 믿는다면 교조주의, 즉 도그마에 갇히는 거죠.

일방적인 인간관계란 존재하지 않습니다. 있다 해도 오래가지 못합니다. 부모에 대한 자식의 효는 늘 자식에 대한 부모의 사랑인 자애(慈)와 한 세트로 묶여 있습니다. 맹자도 이를 몰랐을 리 없지요. 다만 그는 자식에 대한 부모의 사랑인 자애보다 부모에 대한 자식의 사랑인 효를 인간다움의 측면에서 보다 근본적인 것으로 파악했다고 추측할 수 있습니다.

부모의 사랑은 물이 위에서 아래로 흐르는 것처럼 자연스럽지만, 부모에 대한 자식의 효는 아래에 있는 물을 위로 끌어올리는 것처럼 의식적인 노력이 필요하다고 보지 않았을까요? 당연한 것은 말할 필요가 없다고 보았겠지요. 나중에 부모가 되어 보면 수긍이 갑니다.

> 우리 속담에 내리사랑은 있어도 치사랑은 없다고 한다. 이 말이 참으로 옳다. 사람이 자식을 사랑하는 마음으로 부모를 사랑한다면, 누군들 효자가 되지 않겠는가. 그러나 이 사실을 아는 사람은 드물다. 자신이 늙고 기운이 빠져 자식이 내 뜻대로 나를 섬기지 않는다는 것을 아는 때가 되어서야 비로소 자신이 부모를 섬길 때에 허물이 많았다는 것을 깨닫는다. 그때는 후회해도 소용없다.

부모가 자식을 사랑하는 마음을 내리사랑이라 하고, 자식이 부모를 사랑하는 마음을 치사랑이라 합니다. 내리사랑은 자연스레 되는 일이지만 치사랑은 거저 되지 않습니다. 유의건柳宜健의 「한거잡설閒居雜說」에 나오는 내용입니다.

참고로 『한시외전』에 나오는 유명한 말을 인용합니다. "나무는 고요하고자 하나 바람이 가만히 있질 않고, 자식은 효도하고자 하나 부모가 기다려 주질 않네.〔樹欲靜而風不止 子欲養而親不待〕" 효도를 다하지 못한 채 어버이를 여읜 자식의 슬픔을 이르는 풍수지탄風樹之歎은 여기서 나왔습니다. 후회는 늘 늦게 오는 법인데 가장 뼈아픈 후회는 불효에서 온다지요.

사랑이란 이름의 도덕적 폭력

세상일이란 게 '선의'대로만 되지 않습니다. 효의 취지가 아무리 좋다 해도 실제로 많은 부작용을 낳았습니다. 왜냐하면 효를 한쪽의 일방적인 희생을 강요하는 수직적인 인간관계로 파악했기 때문입니다.

조선 세종 때 진주 사람 김화金和가 자신의 아버지를 살해한 사건이 발생했어요. 이른바 존속살해죠. 지금도 존속살해는 끔찍한 일인데 효를 강조하던 유교 사회인 조선에서 이 사건이 안겨 주었을 충격은 엄청났을 테죠. 이 일을 계기로 『삼강행실도三綱行實圖』가 편찬되었는데, 당연히 삼강(三綱: 유교 도덕의 기본이 되는 세 가지 큰 줄거리로 군신·부자·부부 사이의 도리를 말함) 가운데 효가 강조되었습니다.

그러나 『삼강행실도』 「효자」에 나오는 예는 거의 맹목에 가까운 사례들이에요. 왕무자의 아내가 병든 시어머니를 위해 다리를 칼로 베고, 석진이 아버지의 병을 치료하기 위해 손가락을 자르는 일 등의 예가 수두룩합니다. 돌아가실 시어머니의 관을 장만하기 위해 아들을 팔아 버리는 조효부의 사례도 그리 드문 일이 아니었습니다. 심지어는 아버지의 원수를 갚기 위해 살인을 자행한 후옥의 행위를 정당화하는 사례까지도 그 책에 실려 있어요. 다음은 이 책에 나오는 「곽거가 아들을 땅에 묻다〔郭巨埋子〕」입니다.

곽거는 집이 가난했지만 어머니를 열심히 봉양했다. 세 살배기 아들이 있었다. 어머니는 늘 자신의 음식을 덜어서 아이에게 주었다. 곽거가 아내에게 말했다. "집이 가난하여 어머니께 음식을 제대로 해드리지도 못하는데, 아들이 어머니의 음식을 빼앗아 먹는 셈이오. 함께 그 아이를 땅에 묻읍시다." 아내도 그 말을 순순히 따랐다. 석 자쯤 땅을 파니, 황금빛 솥 하나가 보였다. 그 솥 위에 다음과 같은 글귀가 쓰여 있었다. "하늘이 내린 효자 곽거의 효심은 관청에서도 빼앗을 수 없고 다른 사람도 가져갈 수 없다."

중국 한漢나라 때의 일입니다. 집이 몹시 궁핍한 효자 곽거가 나름대로 열심히 홀어머니를 봉양했습니다. 먹성 좋은 세 살배기 아들이 할머니 앞에서 배고픈 표정을 지었나 봐요. 할머니는 "내가 살면 얼마나 더 사누, 찢어지게 가난한 집에 태어난 네가 무슨 죄냐?"

하시면서, 자신에게도 부족한 밥을 손주에게 덜어 줍니다. 천진난만한 손주는 넙죽넙죽 매 끼니마다 잘도 받아먹어요. 그걸 바라보는 아들 곽거의 심정이 오죽했겠습니까? 딱 여기까지만 정상입니다. 그다음은 비극적이고 잔인한 스토리입니다. 아무리 어려워도 해서는 안 될 일을 벌여요. 자기 자식을 파묻으려고 작정합니다. 아내도 마지못해 동의합니다. '땅을 석 자쯤 파니'부터는 허무맹랑한, 지어낸 이야기일 뿐입니다. 이 책의 편찬 의도는 그 명분이 어떻든 간에 '효성이 지극한 곽거의 행실을 너희들 무지렁이 백성들은 본받아야 한다'는 세뇌 교육 그 이상이 아닙니다. 그래서 글자를 모르는 백성들을 위해 판화로 찍어서까지 배포했어요. 국가가 효를 부추길 때는 그만한 이유가 있겠죠. 옛이야기를 의심 없이 무조건 본받을 바에야 차라리 읽지 않는 편이 낫습니다.

효를 왜 중시하였나

그렇다면 맹자는 왜 효孝를 강조했을까요? 수신제가치국평천하修身齊家治國平天下는 『대학大學』에 나오는 말로, 유학에서 인간이 해야 할 행동을 체계적으로 구조화한 것이죠. 수신修身은 내 자신을 수양하는 일이고, 제가齊家는 자신의 집안을 잘 건사하는 일이며, 치국治國은 제후국 임금의 입장에서 나라를 잘 다스리는 일이고, 평천하平天下는 천자의 입장에서 천하를 다스리는 일입니다. 그렇다고 치국과 평천하를 제후나 천자에 국한할 것은 아닙니다. 쉽게 말해 수신과 제가가 내 가정의 울타리 일이라고 하면, 치국과 평천하는 공적인 사회의 일이라고 보면 되죠.

그런데 유학의 발상은 가정의 관리가 국가의 통치, 즉 정치의 문제로 연결되어 있다는 것입니다. 가정을 잘 다스리는 사람이 국가를 잘 다스릴 수 있는 자격이 있다는 거죠. 가정의 문제에서도 중요한 것은 수신이고 수신 중에서 가장 중요한 것은 효입니다.

우리 속담에 '하나를 보면 열을 안다'고 했어요. '안에서 새는 바가지 밖에서도 샌다'고도 했지요. 그 사람이 진정 효성스러운 인물이라면 나라도, 천하도 충분히 다스릴 수 있다는 것! 그러니 효가 중요할 수밖에요. 앞서 말한 '확충의 논리'입니다. 잔잔한 연못에 돌을 던져 보세요. 돌이 파문을 일으키며 점점 하나씩 동심원을 만들어 퍼져 나갑니다. 효는 호수에 던진 돌과 같아요.

"먼저 내 집의 노인을 존경하고 나서 남의 집 노인을 존경하며, 내 집 아이를 사랑한 뒤에 남의 집 아이를 사랑한다면, 천하를 손바닥에 올려놓고 움직일 수 있을 것입니다. 『시경』에 '아내에게 모범이 되어 형제에게 이르고, 그 덕화로 집안과 나라를 다스리네.'라고 하였는데, 이 마음을 미루어 그대로 저기에 적용하면 그뿐이라는 말입니다. 따라서 은혜를 미루어 넓혀 가면 천하를 보전할 수 있고 은

혜를 미루어 넓혀 가지 못하면 처자식도 보호할 수 없게 됩니다."[17]

「양혜왕 상 7」

　우리 집의 어른을 잘 섬기는 효자라야 남의 집 노인을 잘 대접
할 수 있고, 더 나아가 천하를 다스릴 수 있으며, 가정에서 가족들
의 모범이 된 뒤에야 집안과 나라를 다스릴 수 있다는 논리입니다.
맹자는 나라를 잘 다스리는 위정자가 자신의 부모에게 불효한다면,
그런 통치자는 벌써 글러 먹은 임금이고 애당초 훌륭한 임금이 될
싹이 없는 사람이라고 생각했어요.

공부란 달아난 마음잡기다

세상을 가득 채우고 있는 것이 무얼까요? '공기'라고 대답할 수도 있겠네요. 그런데 저는 세상이 온통 '오해'로 가득하다고 말하고 싶습니다. 그중 심각한 오해가 있어요. 공부에 대한 것이에요.

공부에 대한 심각한 오해

요즘 아이들을 가르치는 사람들은 매일 오직 글귀나 읽고 시험 답안 쓰는 연습만 시키고 있다. 그들에게 행동거지를 잘하라고 요구하면서도 바른길을 가르쳐 줄 줄을 모른다. 몸을 묶어 놓고 매를 때리며 죄수 대하듯 하니, 그들은 학교 보기를 감옥처럼 하고 가기를 싫어한다. 선생 알기를 원수처럼 하고 만나려고 들지 않는다. 기회를 보아 자기들이 좋아하는 놀이만 하려고 한다. 속이고 거짓말을 하고 어리석고 용렬한 짓을 멋대로 한다.

요즘 우리의 중고등학교 상황과 별반 차이가 없어 보이지요? 중국 명나라 때 사람 왕양명王陽明의 글입니다. 왕양명은 양명학을 창시한 사람입니다. 놀랍죠? 그때나 지금이나 몹시도 닮았죠. 『전습록傳習錄』에 나옵니다.

배움이란, 공부란 도대체 무얼까요? 답은 이미 나와 있어요. 공자 이래로 진정한 공부란 머리로만 하는 게 아니었습니다. 지금이 아무리 지식정보화 사회라고 남들이 떠들어 대도 이게 달라지지는 않을 겁니다. 공부는 옛날부터 지금까지 마음과 몸을 다해 하는 일이었습니다.

맹자가 그리도 사숙했던 공자와 제자의 어록 모음집인 『논어』의 첫 편인 「학이學而」장은 배움으로 시작합니다. "배우고서 때에 맞춰 그것을 익힌다면 정말 기쁘지 아니한가?〔學而時習之 不亦說乎〕" 이 구절을 오해하면 학교에서 배운 지식을 열심히 반복해서 익힌다는 뜻으로만 알 수도 있어요. 그러나 그게 아닙니다.

선생님께서 말씀하셨다. "젊은이들이 집에 들어오면 부모에게 효도하고 집 밖에 나가면 어른께 공경(悌)해야 한다. 행실은 삼가고 말을 미덥게 해야 하며, 사람들을 널리 사랑하되 특히 어진 이와 가깝게 지내야 한다. 그렇게 행동하고서도 남은 힘이 있다면 그것으로 옛글을 배워야 한다."「논어」「학이」

여기서 젊은이는 집안의 자식입니다. 자식이 집에 들어오면 부모에게 효도하고 집 밖에 나가면 어른을 공경해야 한다고 했습니다. 굽신거리라는 말이 아니라 자신의 도리를 다하라는 뜻이지요. 반대로 부모는 자식을 자애로 대하고 어른은 어린 사람을 우애로 대해야 합니다. 생짜로 권위를 부리라는 말이 절대 아닙니다.

일단 나의 관점에서 할 도리를 다해야 한다, 행동을 삼가고 말은 믿음직스럽게 하고 타인을 두루 사랑하되 특히 어진 사람과 가까이 해야 한다, 그러고도 남은 힘이 있다면 글을 배워야 한다는 게 공자의 공부론입니다. 맨 마지막에 나오는 '글을 배워야 한다'라고 할 때의 글이 아마도 오늘날의 공부일 테죠. 그러니까 머리로 배우는 지식은 부차적인 것입니다. 몸가짐을 올바르게 하는 것, 그것이 바로 공부의 밑바탕입니다. 이건 참 중요한 말씀입니다.

공부를 하라고 하면, 대뜸 시간표부터 짜고 앉은 학생이 많잖아요. 그게 먼저 할 일은 아니죠. 오늘날로 치면 자신의 책상을 정리하는 사소한 일에서부터 공부가 시작되고 그런 바탕 위에서 공부를 해야 한다는 이야기입니다.

다음은 조선 후기의 대문호인 연암燕巖 박지원朴趾源이 쓴, 박제가 朴齊家의 『초정집楚亭集』 서문인 「초정집서楚亭集序」의 일부입니다.

공명선公明宣이 증자(증삼)에게 공부하러 가서 3년이 되어도 글을 읽지 않았다. 증자가 이상하게 여겨 그 까닭을 묻자 공명선은 이렇게 대답했다. "저는 선생님께서 뜰에 계시는 것도 보고 손님을 접대하시는 것도 보고 조정에 계시는 것도 보면서 배워 가고 있지만, 아직 그 어느 것도 잘 배우지 못했습니다. 제가 어찌 감히 아무것도 배우지 않으면서 선생님 문하에 있겠습니까?"

증자의 제자인 공명선이 스승의 집에 기거하며 배움을 청했습니다. 3년이 다 되어도 아예 글을 읽을 생각을 하지 않는 거예요. 하도 딱해서 스승 증자가 그 연유를 묻습니다. "애야! 너는 어찌하여 글을 읽지 않는 게냐?" 그러자 공명선은 선생님이 산책하는 모습이나 사람들을 대하는 모습, 그리고 나랏일을 하는 모습을 아직 다 배우지 못했는데, 어찌 문하에 들어가서 글을 배우겠느냐고 말합니다. 이런 밑바탕이 마련되고 나면 물을 주면 쑥쑥 자라는 콩나물처럼 글공부가 잘될 거예요. 이게 바로 진정한 배움의 자세입니다.

배움이 어찌 학생들만의 일이겠습니까? 사람이면 누구든지 배우는 학생입니다. 이걸 잊으면 일생을 그르치기 쉬워요. 아비는 아비로서의 배움이, 어미는 어미로서의 배움이 있고, 자식은 자식으로

서의 배움이 있어요. 인간이 성장을 멈추는 순간은, 몸이 자라기를 그치는 그때가 아니라 배움의 자세를 버리는 바로 그때입니다.

공부는 달아난 마음잡기

서두가 길었네요. 우리는 다시 『맹자』로 돌아갑니다. 맹자가 생각하는 공부, 학문은 대체 무엇일까요? 공자가 공부의 밑바탕으로 효孝와 제悌를 중시했다면, 맹자는 인과 의를 중시했습니다. 사람이 사람인 이유도 사랑[仁]과 올바름[義]을 실천하는 존재이기 때문인데, 공부를 하는 목적도 인과 의를 실천하기 위해서입니다. 인과 의를 비유적으로 설명하고 있는 대목이 있어요.

> 맹자가 말했다. "인은 사람이 간직하고 있어야 할 마음이요, 의는 사람이 다녀야 할 길이다. 그 길을 버려두고 가지 않으며 그 마음을 잃고도 찾을 줄을 모르니, 애달프구나!"[18] 「고자 상 11」

인은 집은 집이되 편안한 집입니다. 그럼 의는요? 사람이 걸어가야 할 올바른 길입니다. 그 길로만 가면 목적지에 도달합니다. 가야 할 길로 가지 않으면 위험합니다. 그런데 자신의 바탕인 어진 마음을 잃어버리고도 찾으려고 하지 않으니 딱합니다. 맹자는 인을 편안한 집으로 여기고 사람이 행해야 할 길을 뚜벅뚜벅 걸어가는 것을 인간이 가야 할 길, 즉 인생으로 보았습니다. 그런데 문제는 마음입니다.

"사람들은 닭이나 개가 달아났으면 찾을 줄을 알면서 마음을 잃고서도 찾을 줄을 모른다."19 「고자 상 11」

우리는 집에서 기르던 닭이나 개가 집을 나가면 당장 그것을 찾으려 하지만, 정작 중요한 우리 자신의 마음은 잃어버리고서도 찾을 줄을 모른다고 했습니다. 그 마음이란 무엇인가? 바로 사단, 즉 측은지심·수오지심·사양지심·시비지심입니다.

"학문의 방법은 다른 것이 없고 자신의 달아난 마음을 찾는 것일 뿐이다."20 「고자 상 11」

맹자는 공부란 무슨 거창한 것이 아니라 달아난 마음을 찾는 일 [求放心]이라고 말합니다. 달아난 마음을 찾는다는 것은 무엇일까? 헛된 욕망에 휩쓸려 마음을 방기하지 않는 겁니다. 큰 잘못이 사소한 잘못에서 비롯되듯이, 큰 건물을 지을 때 주춧돌부터 단단히 해야 하듯이, 공부의 바탕도 그 마음을 다잡는 데서 시작한다는 뜻입니다.

폭넓게 배우고 자세하게 따지라

맹자가 말했다. "폭넓게 배우고 상세히 해석해 따져 보는 것은 장
차 이를 돌이켜 핵심을 잡기 위해서다."[21] 「이루 하 15」

마음 다잡기가 공부의 본령이라면 이제는 요령要領을 잡아야 합
니다. 요령이라고 하면 대체로 '쉽게 또는 어물거려 넘기는 잔꾀'를
생각하기 쉽지만, 원래는 그런 뜻이 아닙니다. 사물의 긴요하고 으
뜸 되는 줄거리 또는 골자를 말하지요. 옷걸이에 옷을 걸 때 바지라
면 허리춤을, 재킷이라면 목덜미 쪽을 잡아서 걸잖아요. 그게 바로
요령입니다. 요령이란 핵심을 말합니다.

우선 폭넓게 배우고 꼼꼼하게 따져야 합니다. 그런데 그 자체가
목적이 아니지요. 핵심을 잡기 위한 것입니다. 얕게 배우고 데면데
면 따져 보아야 별로 소득이 없습니다. 핵심을 놓치게 됩니다. 참고
로 공부하는 사람의 태도 혹은 방법에 대한 연암 박지원의 글을 소
개합니다.

학문하는 방법은 다른 게 없다. 모르는 게 있으면 길 가는 사람을
붙들고라도 물어야 옳다. 하인이라 할지라도 나보다 한 글자를 더
안다면 그에게 배워야 한다. 자기가 남보다 못한 것은 부끄러워하
면서도 자기보다 나은 사람에게 묻지 않는다면, 평생 고루하고 무

식한 데서 벗어나지 못할 것이다.

예로부터 병과 공부는 자꾸 떠벌리라고 했는데, 그래야 사람들이 알아주기 때문이에요. 모르는 게 있다면 길을 가는 사람이라도 붙잡고 물어야 한다! 참 멋진 말씀이죠. 『종북소선鍾北小選』「북학의 서문[北學議序]」에 나옵니다. 『북학의』는 박제가의 저서인데 제목 '북학北學'도 『맹자』에서 나온 말이에요. 선진 문물을 배운다는 뜻입니다.

스스로 터득하라

남에게 모르는 것을 묻는 게 공부의 전부는 아닙니다. 남에게 물어야 할 일과 스스로 터득해야 할 일이 따로 있습니다. 스스로 터득하는 것을 자득自得이라 합니다. 질문이 공부의 시작이라면, 자득은 공부의 완성입니다.

맹자가 말했다. "목수와 수레 만드는 사람은 배우려는 사람에게 콤파스와 자 등의 연장을 줄 수는 있지만, 그 사람이 솜씨를 터득하게 해 줄 수는 없다."[22] 「진심 하 5」

남에게 배우는 데는 한계가 있어요. 목수와 수레 만드는 장인에게 제자가 있어요. 제자에게 콤파스와 자 등의 연장을 줄 수 있고 초보적인 기술이야 전해줄 수 있지만, 그 오묘한 솜씨는 자신이 터득할 수밖에 없어요. 일러 준다고 해도 헛일입니다.

맹자가 말했다. "군자가 깊이 학문을 연마하면서 올바른 방법으로 하는 것은 이치를 스스로 터득하고자 함이다. 이치를 스스로 터득하면 처신하는 데에 편안하고, 처신하는 데에 편안하면 그것을 널리 활용할 수 있고, 널리 활용할 수 있다면 가까이 좌우에서 취해도 그 이치의 근원과 만나게 된다. 그래서 군자는 이치를 스스로 터득하려고 한다."23 「이루 하 14」

그렇다면 맹자가 자득을 강조한 이유는 무얼까요? 스스로 터득해야만 그걸 실제 생활에 맞게 적용할 수 있기 때문입니다.

자득의 오묘한 진리에 관해서라면 조선 전기의 학자 강희맹姜希孟의 「도둑 아들 이야기〔盜子說〕」란 재미난 글이 있어요. 프로페셔널 도둑 아비와 아마추어 도둑 아들이 있었어요. 어지간한 도둑 기술은 아들에게 모두 가르쳤어요. 아들에겐 아버지보다 자신이 한 수 위라고 뽐내는 마음이 있었습니다. 그래서 언제나 도둑질 하러 나갈 때 자신이 아버지보다 훔칠 집에 먼저 들어가고 나중에 나왔습니다. 가벼운 장물은 아버지가, 무거운 것은 자신이 들고 나왔지요.

더 배울 게 없다는 태도입니다. 게다가 도둑의 세계에서도 인정받는 도둑이 되었고요.

기고만장해진 아들은 더 이상 아버지로부터 배울 게 없다고 선언합니다. 그러자 아비 도둑은 어떠한 상황에서도 임기응변할 수 있는 '자득의 오묘함'에 대해 설파하면서 아들은 아직 그 경지에서 멀다고 말합니다. 그렇지만 아들은 아버지 이야기를 건성으로 듣습니다. 이런 이야기에서 아들이 너무 착해서 아비의 말을 잘 받아들이면 스토리가 안 됩니다.

다음날 밤 아비 도둑은 아들 도둑을 데리고 어느 부잣집에 들어갔다. 아들을 보물창고 안으로 들어가게 하고는 아들이 보물을 챙기느라 정신이 없을 때쯤 밖에서 문을 닫고 자물쇠를 건 다음, 자물통을 흔들어 주인이 듣게 하였다. 주인이 달려와 쫓아가다가 돌아보니 창고의 자물쇠는 잠긴 채였다. 주인은 방으로 되돌아갔고 아들 도둑은 창고 속에 갇힌 채 빠져나올 길이 없었다. 그래서 손톱으로 박박 쥐가 문짝을 긁는 소리를 냈다. 주인이 소리를 듣고 "창고 속에 쥐가 들었군. 물건을 망치니 쫓아 버려야지" 하고는 등불을 들고 나와 자물쇠를 열고 살펴보려는 순간, 아들 도둑이 쏜살같이 빠져 달아났다. 주인집 식구들이 모두 뛰어나와 쫓았다. 아들 도둑은 더욱 다급해져서 벗어나지 못할 것을 알고는 연못가를 돌아 달아나다가 큰 돌을 들어 못으로 던졌다. 뒤쫓던 사람들이 "도둑이 물

속으로 뛰어들었다." 하고는 못가에 빙 둘러서서 찾았다. 아들 도둑은 그 사이에 빠져나갔다. 집으로 돌아와 아비에게 "새나 짐승도 제 새끼를 보호할 줄 아는데 제가 무슨 큰 잘못을 했다고 이렇게 욕을 보입니까?" 하며 원망하였다. 아비 도둑이 "이제 너는 천하의 독보적인 도둑이 될 것이다. 사람의 기술이란 남에게서 배운 것은 한계가 있기 마련이지만 스스로 터득한 것은 그 응용이 무궁한 법이다. 더구나 곤궁하고 어려운 일은 사람의 심지心志를 굳게 하고 솜씨를 원숙하게 만드는 법이다. 내가 너를 궁지로 몬 것은 너를 안전하게 하자는 것이고 너를 위험에 빠뜨린 것은 너를 건져 주기 위한 것이다. 네가 창고에 갇히고 다급하게 쫓기는 일을 당하지 않았던들 어떻게 쥐가 긁는 시늉과 돌을 던지는 기발한 꾀를 냈겠느냐. 너는 곤경을 겪으면서 지혜가 성숙해졌고 다급한 일을 당하면서 기지를 발휘했다. 이제 지혜의 샘이 한번 트였으니 다시는 실수하지 않을 것이다. 너는 천하의 독보적인 도둑이 될 것이다." 하였다. 그 후에 과연 그는 천하제일의 도둑이 되었다.

아들 도둑이 창고에 갇혀 곤경을 겪고 나서야 자득의 묘〔自得之妙〕를 터득한 것처럼, 강희맹은 자신의 아들에게 어려움을 회피하지 않고 돌파해야 비로소 스스로 배움을 터득할 수 있다는 교훈을 주려고 이 글을 썼습니다.

의심하라

　공부에서 또 중요한 것은 의심입니다. 뻔히 알고 있는 것이 진짜 그런지 점검해 보는 일이 의심의 출발이지요. 맹자는 『서경』의 글귀를 가져와 이를 말합니다. 『서경』은 중국 고대 국가인 요순시대, 하나라, 은(상)나라, 주나라의 정치에 관한 기록입니다.

　　맹자가 말했다. "『서경』의 내용을 모두 믿는다면 『서경』이 없는 것만 못하다. 나는 「무성」 편의 내용 중에 죽간 2~3개의 내용만 믿을 뿐이다. 어진 사람은 천하에 적이 없는 법이다. 지극히 어진 사람이 지극히 어질지 않은 사람을 정벌했는데 어찌하여 그 피가 절구 방망이를 띄워 흘러가게 했겠는가?"[24] 「진심 하 3」

　『서경』 「무성」 편에 무왕武王이 은나라를 정벌할 때 "그 피가 마치 강물처럼 흘러 절구 방망이를 떠내려가게 했다."라는 구절이 있는데, 맹자는 이 구절을 의심했어요. 어진 임금인 무왕이 어질지 못한 주왕紂王을 정벌했는데 그토록 피를 흘리는 살생을 저질렀겠느냐는 것입니다. 그러나 실지로는 '아무리 많은 사람이 죽었다 한들 그 피가 강물처럼 불어나 절구 방망이를 떠내려가게 하기야 했겠느냐'는 뜻입니다.

　맹자는 의심의 눈초리로 「무성」 편을 읽어 보니 그 내용 중에 죽간 2, 3개 정도의 내용만 빼고 믿을 만한 게 별로 없었다고 했습니다. 공자와 맹자 시절엔 대나무를 잘라 그 결에 글자를 쓰거나 새겨 이를 끈으로 묶었어요. 이게 '책冊'입니다. 맹자의 결론은 이런 겁니다. "책의 내용을 의심 없이 맹신하느니 차라리 읽지 않는 것이 낫다."

중요한 것은 자신의 눈으로 따져 보고 가늠해 보는 것입니다. 그래야 학문에 진보가 있어요. 창의 교육이 별게 아니에요. 자신의 관점으로 사물을 볼 수 있게 틔워 주는 거죠.

시련이 큰 공부다

맹자는 역사적 실존 인물을 포함하여 신화에 속하는 인물이 처음에는 미천한 신분이었음을 열거합니다.

맹자가 말했다. "순은 들녘에서 농사짓다가 발탁되었고, 부열은 성벽 쌓는 일을 하다가 발탁되었으며, 교격은 어물과 소금을 팔다가 발탁되었고, 관이오(관중)은 감옥에 갇혀 있다가 발탁되었으며, 손숙오는 바닷가에 살다가 발탁되었고, 백리해는 시장에서 살다가 발탁되었다."[25] 「고자 하 15」

위에 열거된 이들은 모두 낮은 신분으로 하찮은 일을 하다가 임금과 재상 등의 중책을 맡아 큰일을 성취한 대표적인 인물들입니다. 그들의 성취의 원동력은 무얼까요?

"그러므로 하늘이 장차 큰 임무를 어떤 사람에게 내리려 할 때에는 반드시 먼저 그의 마음을 괴롭게 하고 그의 근골을 힘들게 하며, 그의 몸을 굶주리게 하고 그의 몸을 곤궁하게 하여, 어떤 일을 행하려 할 때 그가 하는 바를 뜻대로 되지 않게 어지럽힌다. 이것은 그의 마음을 분발시키고 성격을 강인하게 하여 그가 할 수 없었던 일을 해낼 수 있게 도와주기 위해서이다."26 「고자 하 15」

그들의 성취의 밑바탕에는 큰 시련이 있었는데, 그건 하늘이 내린 일종의 시험이라는 겁니다. 문제는 자신에게 닥친 시련을 어떻게 받아들이는가 하는 자세에 달렸습니다. 그러니까 위 대목은 실은 번번이 정치적으로 실패한 맹자가 자신에게 한 다짐이자 주문이지요.

공부란 어려움을 뚫고 가는 힘을 얻는 일이지요. 한 개인, 나아가 한 나라의 경우에도 이와 다르지 않습니다.

"안으로 법도 있는 집안과 보필할 인재가 없고, 밖으로 적대적인 나라와 외환이 없는 경우에는 나라가 항상 망한다. 이렇게 해서 우

리는 우환 가운데서 살고 안락 속에서 죽는다는 이치를 알게 된
다."27 「고자 하 15」

국가로 보면 외부에 경쟁할 만한 상대국이 없어 아무런 근심거리
가 없는 나라는 결국 망하고 말았어요. 근심은 늘 그 나라를 긴장하
게 하고 정신을 번쩍 들게 만듭니다. 개인도 마찬가지예요. 우환은
사람에게 생기를 돌게 하고 안락은 사람에게 나태를 불러옵니다.

진정한 공부란 책상머리에 앉아 책에 코를 처박고 전전긍긍하는
것만이 아닙니다. 생활 속에서 부딪치는 자신의 문제를 객관적으로
파악하고 이 시련을 어떻게 뚫고 나갈 수 있을지를 꼼꼼하게 고민
하는 일, 그게 공부입니다. 시련을 뚫고 나가는 원동력은 어디에서
올까요? 맹자는 그 힘이 바로 인간으로서 지켜야 할 도리를 평소에
착실히 실천한 바탕에서 온다고 생각했습니다.

부끄러움을 알아야 한다

프랑스 소설가 생텍쥐페리Saint Exupéry가 쓴 『어린왕자Le Petit Prince』에 이런 이야기가 나와요. 어느 날 어린왕자가 술꾼 아저씨가 사는 별을 방문해요. 빈 술병을 한 무더기 쌓아 두고서 다시 술병을 앞에 두고 있는 아저씨와 왕자가 묻고 답합니다. "아저씨, 술은 왜 마셔요?" "잊어버리려고." "뭘요?" "부끄럽다는 걸 잊어버리려고." "뭐가 부끄러우세요?" "술 마시는 게 부끄럽지!" 어른들은 너무너무 이상할 때가 많죠. 자신을 합리화하는 어른들 말이에요.

그래도 술꾼 아저씨는 부끄러워할 줄 아니까 그나마 다행입니다. 언젠가 어떤 분이 쓴 '부끄러움을 가르치는 학교는 없는가?'라는 칼럼을 읽은 적이 있습니다. 앗! 하고 저는 무릎을 쳤어요. 요즘 시대를 한 마디로 말하면 자기표현의 시대입니다. 자신의 의견을 당당하게 표출하는 것은 주체로서 자신을 세상에 세우는 일이므로 정당합니다. 그러나 그게 자신의 진심을 속이고 자신의 실력을 과장하기 위한 포장이라면 문제죠. 부끄러움을 아는 것도 무척 중요합니다.

맹자는 다음처럼 부끄러움에 대해 자주 말했습니다. "수오지심羞惡之心은 의로움의 단서이다.〔羞惡之心 義之端也〕" "수오지심이 없으면 사람이 아니다.〔無羞惡之心 非人也〕"(「공손추 상 6」) 맹자에게 '수오지심'은 곧 인간다움인 사덕(四德: 인의예지)과 연관됩니다. 부끄러움은 의로움〔義〕의 단서, 즉 씨앗이고 이게 없으면 사람이 아니라고 했으니 말이에요. 그만큼『맹자』에게 '부끄러움'은 중요한 테마입니다.

> 맹자가 말했다. "사람에게 부끄러움이란 중요한 것이다. 공교한 속임수를 쓰는 자들은 부끄러워하는 일이 없다."[28] 「진심 상 7」

사람은 부끄러워할 줄 알아야 사람입니다. 부끄러움이 없는 자들, 즉 낯이 두꺼워 부끄러움을 모르는 자들은 권모술수나 써서 자신도 속이고 남도 속일 궁리만 합니다. 스스로를 속이지 말라는 가르침, '무자기毋自欺'가 바로 부끄러움을 아는 근본 바탕입니다.『대학』에도 "이른바 자신의 마음을 진실하게 한다는 것은 자신을 속이지 않는 것이다.〔所謂誠其意者 毋自欺也〕"라고 했어요.

맹자가 말했다. "사람은 부끄러움이 없어서는 안 된다. 부끄러워할 줄 모르는 것, 그것을 부끄러워한다면 부끄러울 일이 없을 것이다."29 「진심 상 6」

무치無恥, 즉 부끄러움이 없다고 떠벌리는 것, 부끄러워할 줄 모르는 것이 진정 부끄러운 짓입니다. 이 부끄러운 짓을 부끄러워할 줄 알면, 정말 부끄러운 치욕을 당하지 않을 것이란 뜻입니다. 부끄러움이 있다는 것은 언제든 자신의 본래 선한 모습으로 되돌아올 수 있다는 의미니까요.

부끄러움이 없으려면 부끄러워해야 한다

「서시序詩」는 시인 윤동주尹東柱의 유고遺稿 시집 『하늘과 바람과 별과 시』의 서문격인 시입니다. 요절한, 그래서 영원히 청춘에 머물러 있는 윤동주의 시 가운데서도 출발의 의미를 되새기게 하는 시가 바로 「서시」입니다. 중고등학교 교과서에 실리기가 맞춤해서인지 오래전부터 이 시는 한국인이 애송해 왔지요.

죽는 날까지 하늘을 우러러
한 점 부끄럼이 없기를

잎새에 이는 바람에도

나는 괴로워했다.

별을 노래하는 마음으로

모든 죽어가는 것을 사랑해야지

그리고 나한테 주어진 길을

걸어가야겠다.

오늘 밤에도 별이 바람에 스치운다.

『맹자』를 읽은 사람이라면 대뜸 다음 구절을 떠올릴 겁니다.

맹자가 말했다. "군자에게는 세 가지 즐거움이 있는데, 천하의 왕이 되는 것은 거기에 들어 있지 않다. 부모가 모두 생존해 계시고 형제가 탈이 없는 것이 첫 번째 즐거움이고, 우러러 하늘에 부끄럽지 않고 굽어서 사람에게 부끄럽지 않은 것이 두 번째 즐거움이며, 천하의 영재를 얻어 가르치는 것이 세 번째 즐거움이다. 군자에게는 세 가지 즐거움이 있는데, 천하의 왕이 되는 것은 거기에 들어 있지 않다."[30] 「진심 상 20」

군자의 즐거움 세 가지 가운데 두 번째 즐거움이 바로 '우러러 하늘에 부끄럽지 않고 굽어서 사람에게 부끄럽지 않은 것'입니다. 분명 「서시」의 첫 번째 구절, '죽는 날까지 하늘을 우러러 한 점 부끄러움이 없기를'은 이 구절을 변형한 것이죠. 부끄럼이 없기를 '바란다'는 것은 지금 부끄럽다는 뜻입니다. 저 변하지 않는 천상의 하늘과 별은 부끄럼이 없지만, 지상의 인간인 우리는 인간인 이상 부끄럽죠. 부끄럼이 없다는 것은 오만이고 독선입니다. 나에게 부끄럼이 있기 때문에 나는 '잎새에 이는 바람에도 괴로워'할 줄 알게 되는 것입니다. 이게 바로 측은지심입니다. 세상 만물에 깊은 연민을 느끼는 것, 그게 바로 어짊[仁]의 존재인 인간의 마음이죠. '모든 죽어가는 것을 사랑해야지'도 앞의 '잎새에 이는 바람에도 괴로워하는 마음', 즉 측은지심을 '확충'한 것일 뿐입니다. '나한테 주어진 길'은 내가 걸어가야 하는 삶의 길을 말합니다.

그렇다면 이 시의 주제는 부끄럽고, 괴로워하고, 사랑하는 '마음'으로 나에게 주어진 '길'을 걸어가겠다는 '다짐'입니다.

> 맹자가 말했다. "인은 사람이 간직하고 있어야 할 마음이요, 의는
> 사람이 다녀야 할 길이다."[31] 「고자 상 11」

「서시」에 관한 모든 다른 해석이 가능한 것처럼, 『맹자』의 입장에서 보면 이 시는 어진 마음, 즉 측은지심을 확충하고 의로움[義], 즉 인간으로서 내가 가야 할 길을 당당히 걸어가겠다는 결연한 의지를 표현한 것으로 해석할 수 있습니다. 하늘을 우러러 한 점 부끄러움

이 없기를 바라는 윤동주의 삶은 역설적으로 끊임없이 부끄러움을 인식하는 삶이었어요. 그래서 그의 시에는 '부끄러움'에 관한 것이 참 많습니다.

참고로 송우혜 선생이 쓴 『윤동주 평전』을 읽어 보면, 윤동주가 소장했던 어떤 책의 여백에 쓴 『맹자』의 한 구절이 나옵니다. 그는 어렸을 적에 외삼촌인 김약연金躍淵에게 『맹자』를 배웠다고 해요. 그리고 보면 윤동주의 시에서 부끄러움과 성찰이 많은 부분을 차지하는 것도 『맹자』를 읽은 독서 경험이 영향을 끼쳤으리라 추측해 볼 수 있습니다.

하지 않는 일이 있어야 큰일을 한다

앞에서 수오지심은 의로움의 단서라고 했는데, 맹자는 다음 글에서는 다른 각도에서 '수오지심＝의'를 말했습니다.

> 맹자가 말했다. "사람은 모두 차마 하지 못하는 마음이 있다. 그 마음을 함부로 하던 대상에까지 도달케 하면 그게 인仁이다. 사람은 모두 차마 하지 못하는 마음이 있다. 그 마음을 아무렇게나 하던 대상에까지 도달케 하면 그게 의義다."[32] 「진심 하 31」

사람은 누구나 차마 하지 못하는 마음이 있는데, 그 마음을 평소에 아무렇게나 대하던 대상에까지 확대해 가는 것이 바로 의라고 했습니다. 예를 들면 아무리 친구들에게 욕설을 해 대는 아이라도 가족에겐 함부로 욕을 내뱉지는 않을 겁니다. 그러니까 내 가족에게 차마 욕을 하지 못하는 그 마음을 평소에 아무렇게나 욕을 해 대던 친구에게까지 확대해서, 친구를 함부로 대하지 않는 것이 '의로움'이라는 겁니다. 욕설뿐만이 아니죠. 맹자는 남을 기분 나쁘게 하는 행동에서부터 심지어는 남에게 심각한 해를 가하는 일에 이르기까지 세상 모든 일을 이런 원리에 따라 행해야 한다고 주장합니다.

그렇기에 사람이 부끄러워할 줄 안다는 것은 바로 하지 않는 일, 즉 해서는 안 되는 일에 대한 원칙을 세우는 일입니다.

맹자가 말했다. "사람이 하지 않는 일이 있어야 큰일을 할 수 있다."33 「이루 하 8」

우리는 흔히 사람으로 태어났다면 죽기 전에 큰일을 성취해야 된다고 믿습니다. 옳은 말이에요. 그런데 중요한 일을 이루는 바탕은 바로 인간으로서 해서는 안 될 일을 하지 않는 것에서 출발한다는 게 맹자의 주장입니다. 곰곰이 따져보면 우리에게 혜안慧眼을 주는 말씀이에요. 자꾸 '해라'만 가르칠 게 아니라 '해서는 안 될 일도 있다'는 것도 가르쳐야 하고, 해서는 안 될 일을 환하게 꿰뚫는 것이 결국은 큰일을 이룰 수 있는 기초라는 점도 가르쳐야 합니다.

맹자는 그가 사숙한 공자를 이렇게 평가했어요. "중니(공자)는 해서는 안 될 일에 대해서는 매우 엄격하셨다.[仲尼 不爲已甚者]"(「이루하 10」) 이 구절을 '중니는 중도에 벗어난 심한 일은 하지 않으셨다'로 해석하기도 합니다.

그렇다면 맹자가 생각하는, 해서는 안 될 일이 무엇일까요? 제자 공손추가 백리해百里奚와 이윤伊尹, 그리고 공자의 공통점에 대해 묻자 맹자는 다음과 같이 대답합니다.

> "백리百里의 땅을 얻어 임금 노릇을 하면 모두 제후들의 조회를 받고 천하를 소유할 수 있는 능력을 지녔다. 하지만 불의한 일을 하나라도 행하거나 무고하게 사람을 죽이면서까지 천하를 얻는 일은 모두 하지 않으셨을 것이다. 이것이 같은 점이다."[34] 「공손추 상 2」

참고로 백리해는 초나라 완宛 지방 사람으로, 우虞나라 대부였다가 우나라가 멸망하자 초나라로 도망쳐 노예가 되어 누더기를 걸치고 소를 쳤는데, 그의 역량을 알아본 진목공秦穆公이 다섯 마리 양가죽을 주고 그를 사서 기용한 인물입니다. 이윤은 원래 노예 신분이었다가 유신씨有莘氏의 딸이 시집갈 때 잉신(媵臣: 왕실의 고귀한 여인이 시집갈 때 이를 수행할 뿐만 아니라 시집간 곳에 그대로 머물러 여인을 섬기는 신하를 말함)으로 따라갔다가 탕湯왕의 인정을 받아 등용되어 하夏나라를 멸하고 은나라를 건국하는 데 큰 공을 세운 인물입니다.

맹자의 뜻은 제아무리 천하를 차지할 능력이 있다 해도, '하나라도 옳지 못한 일', '한 사람의 무고한 사람을 죽이는' 일은 해서는 안 된다는 것입니다. 그래서 맹자는 양나라 혜왕의 아들인 양왕이 "천하가 어떻게 평정되겠습니까?"라고 한 질문에 다음처럼 단호하게 대답합니다. "사람 죽이기를 즐기지 않는 자가 천하를 통일할 수 있겠지요.〔不嗜殺人者 能一之〕"(「양혜왕 상 6」) 맹자의 대답을 통해서 우리는 전국 시대 군주들이 백성을 어떻게 대했는지를 또렷하게 알 수 있어요.

또한 맹자는 양혜왕을 두고 못된 임금이라고 평하면서 이렇게 말합니다.

> 맹자가 말했다. "어질지 않구나, 양혜왕이여! 어진 자의 은덕은 자신이 사랑하는 대상으로부터 자신이 사랑하지 않던 대상에까지 미치고, 어질지 않은 자의 재앙은 자신이 사랑하지 않을 대상으로부터 자신이 사랑하는 대상에까지 미친다."35 「진심 하 1」

제자인 공손추가 맹자의 그 말씀이 무슨 뜻인지 묻습니다. 맹자의 대답은 이렇습니다.

> "양혜왕은 영토를 넓히려는 목적으로 자신의 백성을 썩어 문드러

지게 하면서 전쟁터로 내몰았다. 크게 패하자 다시 전쟁을 하려 했지만 이기지 못할까 걱정스러웠다. 그러므로 자신이 사랑하는 자식들을 내몰아 죽게 하였으니, 이를 두고 자신이 사랑하지 않을 대상, 즉 영토 때문에 자신이 사랑하는 대상에까지 그 재앙이 미친다는 것이다."36「진심 하 1」

양혜왕은 광대한 영토를 얻어 천하를 소유하려고 전쟁을 일으킵니다만, 번번이 패합니다. 이번에는 자신의 자식까지 전쟁터로 내보내 전사하게 합니다. 왕의 자식을 전쟁터로 보낸다고 노블레스 오블리주라고 할 수도 있겠습니다만, 자식까지 전쟁터로 내모는 마당이니 왕의 눈에 백성들이 백성으로 보일 리 없습니다. 오로지 전쟁의 도구일 뿐이겠죠. 왕은 이제 말할 겁니다. "사랑하는 내 자식도 전쟁터에 보낸 나다. 나는 사심이 없는 사람이다. 그러니 너희 백성들은 내 말에 따라 무조건 전쟁터에 나가서 총알받이가 되어야 한다. 정당하지 않은가? 나부터 솔선하지 않았는가?" 이런 일은 하지 말아야 합니다.

그러나 부끄러움을 알아야만 하지 말아야 할 일을 압니다. 부끄러움이 있어야 사람이에요. "나는 한 점 부끄러움이 없는 사람이다."라고 말하는 사람을 믿을 수 없는 까닭입니다.

벗은 또 다른 나다

사람은 혼자서 살 수가 없고 무리지어 삽니다. 당연히 질서가 필요
합니다. 사람 관계 혹은 질서를 인륜이라 하지요. 인간관계를 다섯
으로 나누고 이를 오륜五倫이라 했습니다.

　윤리, 도덕 하면 답답한 생각부터 떠오를 수 있어요. 그러나 그게
복종을 강요하는 권위로 작용할 때가 문제입니다. 원래 윤리란 상
호 의무를 전제로 하는 것입니다. 윤리는 마치 우리가 늘 들이마시
고 사는 공기 같아서 우리가 부정한다고 부정되지 않습니다. 윤리
는 우리의 존재 조건입니다.

벗, 오륜 가운데 하나

맹자는 인간관계를 다섯 가지〔五倫〕로 나누었는데 그중 하나가 붕우朋友, 친구 사이의 관계입니다. 우리말 '벗'의 한자말은 '우友'와 '붕朋'입니다. 우는 손 수扌 자와 손을 나타내는 우又 자를 합한 것인데, 손을 마주잡고 서로 도우며 더불어 친하게 지낸다는 뜻을 담고 있어요. 또 붕朋 자는 전서篆書로는 날개 '우羽'로 쓰는데, 이는 곧 양 날개를 가리키는 것으로 새가 두 날개를 갖추어야 난다는 것을 뜻합니다.

> 자하가 말하였다. "어진 이를 존경함은 여자를 좋아하는 마음과 바꾸듯이 하고, 부모를 섬김은 자신의 힘을 다해서 하며, 임금을 섬김은 자신의 목숨을 바쳐서 하고, 벗과의 사귐은 말에 신의가 있어야 한다. 이런 사람이라면 비록 남들이 그 사람을 두고 배우지 않았다 할지라도, 나는 반드시 그를 배운 사람이라고 평가할 것이다." 『논어』 「학이」

친구 사이에는 '믿음'이 가장 중요한 덕목입니다. 내가 내뱉은 말을 지키는 것을 '신信'이라 합니다. 가장 가까운 친구에게 허튼 약속을 한다면 친구 간의 도리를 지키지 못하는 거죠.

춘추 시대 노魯나라에 미생尾生이라는 사람이 있었습니다. 사랑하는 여자와 다리 아래에서 만나기로 약속했어요. 그런데 기다려도 그녀가 오지 않아요. 소나기가 내려 물이 그 아래로 밀려듭니다. 미련 곰탱이인 미생은 물이 밀려와도 끝내 그 자리를 떠나지 않고 기다리다가 마침내 교각을 끌어안고 죽습니다. 약속은 지키려 노력하되 그 약속이 도리에 어긋난다면 뿌리치는 것도 '믿음'입니다. 미생의 믿음처럼 고지식하고 맹목적인 믿음은 어리석어요.

그렇다면 왜 친구가 있어야 할까요? 사람은 누구나 완전한 존재가 아니기 때문입니다. 자신의 부족한 점을 보완하기 위해 다른 사람에게 도움을 받아야 하지요. 나의 부족한 인仁의 덕을 뒷받침해 주는 존재가 벗이에요. 그렇다면 그 방법이 무엇일까요? 맹자는 이렇게 말합니다.

"책선責善은 친구 사이의 도리다. 부자 사이에 책선하는 것은 은의恩義를 매우 해치는 일이다."37 「이루 하 30」

바로 책선입니다. 책선은 상대방에게 선행을 하도록 권하는 것을 말해요. 이게 바로 친구 사이의 도리입니다. 친구가 나쁜 길로 빠질 때 충고를 해서 바로잡지 않고 같이 동조하는 친구는 진정한 친구가 아니라고 보았습니다. 지금도 마찬가지예요. 그런데 부모와 자식 사이에 책선의 방법을 쓰면 그 관계를 위태롭게 한다고 했어요. 왜일까요?

공손추가 말했다. "군자가 자식을 직접 가르치지 않는 것은 어째서입니까?" 맹자가 말했다. "형세가 그렇게 되지 않기 때문이다. 가르치는 자는 반드시 바른 도리를 가르치려 한다. 그런데 바른 도리를 가르쳤는데도 자식이 행하지 않으면 노여움이 뒤따라온다. 노여움이 뒤따라온다면 도리어 자식을 사랑하는 마음을 상하게 한다. 자식이 부모에 대해서도 '아버지가 나에게 바른 도리를 가르치지만 따지고 보면 아버지도 바른 도리에 나아가지 못한다'라고 여길 것이다. 이는 부자간에 서로 정이 손상되는 일이니, 부자간에 서로 정이 손상되는 것은 나쁜 일이다. 그래서 옛날에는 자식을 바꾸어서 가르쳤다. 부자간에는 선을 요구하지 않는데, 선을 요구하면 정이 떨어지기 때문이다. 부자간에 정이 떨어지는 일보다 더 나쁜 일은 없다."38 「이루 상 18」

군자는 자신의 자식을 직접 가르치지 않는다고 했네요. 아버지가 자식을 가르친다고 한 번 상상을 해 봐요. 아버지가 말합니다. "이 자식아! 이것도 몰라. 몇 번 말하니? 그리고 지난번에 내가 말했어? 안 했어? 한 번 말하면 고쳐야지." 아들이 답합니다. "아빠도 엄마한테 맨날 혼나면서 왜 저보고만 잘하래요? 아빠나 잘하세요." 아빠가 말합니다. "아니, 이게 감히 아빠한테." 아들은 말합니다. "흥!!!" 게임 오버. 그러니 가르치기 힘든 겁니다. 부모 자식이 혈연이지만 그만큼 어려운 관계도 없지요. 왜냐하면 끊으려야 끊을 수 없는 하늘이 맺어준 관계, 즉 천륜天倫이기 때문입니다.

그러나 벗은 다릅니다. 벗은 의리로 합해진 관계입니다. 이 말은 의리가 부합해서 만났기 때문에 당연히 서로 지향이 달라지면 헤어지는 사이라는 의미입니다. 한편으론 그렇기 때문에 부모에게는 하지 못하는 말도 친구 사이에는 스스럼없이 할 수 있겠지요.

벗을 사귀는 도리

진정한 사귐은 나이가 많다고 해서 그 나이로 상대방에게 권위를 부리지 않는다고 했습니다. 그래서 가능한 것이 나이를 잊은 사귐, 즉 망년지교忘年之交입니다. 또 신분이 높다고 위세를 부리지도 않겠지요. 진정으로 벗한다는 것은 오직 그 사람이 가지고 있는 덕성 그 자체를 벗하는 겁니다. 그렇기에 학연이나 지연 등 온갖 연줄이나 패거리 의식은 빨리 청산해야 할 악성 문화이겠지요.

만장萬章이 물었다. "감히 벗하는 도리에 대해 묻습니다." 맹자가 말했다. "나이듦을 소유하고도 이를 뽐내지 않고, 귀함을 소유하고도 이를 뽐내지 않으며, 형제를 소유하고도 이를 뽐내지 않고 벗해야 한다. 벗한다는 것은 그 사람이 가진 덕을 벗하는 것이니, 뽐냄이 있어서는 안 된다. 맹헌자孟獻子는 백승의 집안이었다. 그에게 벗 다섯 명이 있었는데, 악정구와 목중이고 그 나머지 세 명은 내가 그 이름을 잊었다. 맹헌자가 이 다섯 사람과 벗한 것은 그들이 맹헌자의 집안을 의식하지 않는 사람들이었기 때문이다. 이 다섯 사람이 또한 헌자의 집을 의식했다면, 맹헌자는 그들과 벗하지 않았을 것이다. 백승의 집안만이 그랬던 것이 아니라 작은 나라의 임금 또한 이런 경우가 있다."39 「만장 하 3」

맹헌자는 노나라의 대부로 세력 있는 가문의 사람이었어요. 맹자는 왜 맹헌자와 그의 친구들 사이의 일화를 인용했을까요? 아마 제후들과 만나면서 신분의 귀천이나 재물의 많고 적음을 가지고 자신을 대하는 것에 대해서 극도의 반감이 있었던 것 같습니다. 그런 태도는 맹자의 자존심으로는 도저히 용납할 수 없었을 테죠. 맹자는 나 같은 사람을 대우하려면 빈말로 할 게 아니라 응당 그에 합당한 벼슬을 주고 권한을 주어야 한다고 생각했을 겁니다. "너희들이 제후라 하여 그 위세를 내세우지 말고 나의 능력을 믿고 나를 합당하게 대우해 달라." 뭐 이런 어감이라고 할까요?

그렇다면 벗과 사귈 때 내가 가져야 할 마음가짐은 어떠해야 할까요? 공경恭敬입니다.

만장이 물었다. "감히 여쭙겠습니다만, 교제는 어떤 마음으로 해야 합니까?" 맹자가 말했다. "공손한 마음이어야 한다."40 「만장 하 4」

우리가 흔히 쓰는 '교제交際'라는 말도 『맹자』에서 왔어요. 상대방을 존중하는 자신의 마음이 행동으로 드러나는 것이 '공恭'이고, 행동이 우러나오는 그 마음이 '경敬'입니다. 공경이 뒷받침되어야 사귐이 오래갑니다.

옛사람과 벗하다

시간과 공간을 뛰어넘는 사귐도 있어요.

> 맹자가 만장에게 말했다. "한 고을의 훌륭한 선비라야 한 고을의 훌륭한 선비를 벗할 수 있고, 한 나라의 훌륭한 선비라야 한 나라의 훌륭한 선비를 벗할 수 있고, 천하의 훌륭한 선비라야 천하의 훌륭한 선비를 벗할 수 있다. 천하의 훌륭한 선비를 벗하는 것을 부족하게 여겨, 또 위로 올라가 옛사람을 논한다. 그의 시를 외우고 그의 글을 읽으면서도 그 사람됨을 몰라서야 되겠는가. 그래서 그의 시대를 논하니, 이는 시대를 거슬러 올라가 벗하는 것이다."[41] 「만장 하 8」

맹자는 여기서 자신이 훌륭한 인격과 학식을 쌓고 난 뒤에야 훌륭한 인물들과 사귈 수 있다고 했네요. 유유상종類類相從이라 하지 않던가요? 우리에겐 자신을 과대평가하면서 자신보다 나은 사람과 자신을 동급으로 여기며 벗하려는 욕구가 있어요. 그다음은 동시대의 인물들과 사귀는 것만으로는 부족하니 위대한 옛 위인과 사귀어야 한다고 했어요. 그걸 맹자는 '상우尙友'라 했습니다. 즉 훌륭한 옛사람과 벗하는 일입니다. 독서 행위는 기본적으로 이 상우를 위한 것이에요. 다시 말하면 시간과 공간을 초월하여 벗을 사귀는 일, 이게 독서지요.

최근에 타계한 이탈리아의 기호학자인 움베르토 에코Umberto Eco가 쓴 『장미의 이름Il Nome della Rosa』에 이런 이야기가 나옵니다. 소설의 무대인 수도원에서 유리 세공을 하는 니콜라가 윌리엄 수사修士에게 2세기 전에 만들어진 유리창과 같은 걸 지금의 자신들은 만들 수가 없다고 한탄합니다. 그러자 윌리엄 수사가 대답합니다. "그래요, 우리는 난쟁이들이랍니다. 그러나 실망하지는 마세요. 우리는 난쟁이지만 거인의 무등을 탄 난쟁이지요. 우리는 작지만 때로는 거인들보다 더 먼 곳을 내다보기도 한답니다."

윌리엄 수사가 말한 '거인'이란 곧 '거대한 지적 전통, 위대한 유산'을 뜻합니다. 난쟁이는 물론 이 시대를 살아가는 우리예요. 비록 우리는 난쟁이처럼 보잘것없지만 전통이란 거인의 어깨 위에 올라서서 앞을 보기 때문에 거인보다 더 멀리 내다볼 수 있습니다. 지금 『맹자』를 읽는 것도 맹자라는 거인의 어깨 위에 올라타서 더 먼 곳을 보기 위해서가 아닐까요?

벗을 제대로 사귈 수 없는 시대

나이, 신분, 연줄을 들이대며 사귀는 사귐은 참 사귐이 아니라고 앞에서 말했습니다. 저 애는 공부를 못하니까 사귀지 마라, 성격이 못됐어도 공부 잘하는 그 애와 사귀면 네 공부에 도움이 될 거야, 저 못사는 동네 아이들하고는 놀지도 말 것이며 그 아파트 아이들이 우리 아파트에 얼씬 못하도록 출입을 엄격히 통제해야 해! 이런 말도 안 되는 일이 오늘날에 버젓이 일어나고 있죠. 이제는 친구를 사귀는 데 나이, 신분, 연줄도 모자라 아파트 평수를 들이대고 있어요. 슬프고 답답하고 참담합니다. 우리는 왜 이 지경이 되었을까요? 맹자가 이 사실을 알았다면 혀를 끌끌 차고, 가슴을 치고, 밤잠을 설쳤을 겁니다.

조선 후기 연암 박지원이 살았던 시대에도 사회적 편견이 사귐의 문제에까지 개입했습니다. 다음은 서자(庶子: 양반과 양민 여성 사이에서 낳은 아들)와 얼자(孽子: 양반과 천민 여성 사이에서 낳은 아들)들도 관직에 등용될 수 있기를 청하는 상소인데, 신분과 연줄로 끼리끼리 밀어주고 당겨 주고 해서 요직을 독식했던 당시의 폐단을 아프게 비판합니다. 연암의 시대와 비교할 때 신분의 세습이야 형식적으로 없어졌다고 하지만 다른 형태의 세습이 여전히 남아 있지 않나요? 지금이나 그때나 달라진 게 많지 않아요.

삼가 엎드려 생각하옵건대, 하늘이 인재를 내린 것이 그토록 다르지 않습니다. 그러므로 전얼(顚蘗: 쓰러진 나무에 난 싹)과 변지(騈枝: 한 곳에 붙은 기형적인 나뭇가지)도 고루고루 비와 이슬에 젖고, 썩은 그루터기 나무나 더러운 두엄에서도 영지靈芝가 많이 나며, 성인聖人이 태평의 치세로 이끄실 적에는 귀하고 천한 선비가 따로 없었습니다. (……) 맹자는 말하기를, "벗이란 그의 덕을 벗 삼는 것이다. 그러므로 나이 많다고 으스대지 않고 신분이 높다고 으스대지 않고 형제를 믿고 으스대지 않고서 벗하는 것이다." 하였습니다. 귀천이 비록 다를망정 덕이 있으면 스승이 될 수 있고 나이가 같지 않더라도 인仁을 도울 경우에는 벗이 될 수 있다는 말인데, 더구나 서얼은 본디 모두 양반의 자제들입니다. 그들이 아름다운 재주나 현명함과 능력이 없다면 그만이겠으나, 만일 그들이 진실하고 곧고 들은 것이 많아 재주와 덕이 나보다 낫다면 또한 어찌 서얼이라 해서 그들과 벗하는 것을 부끄럽게 여기겠습니까.

그런데도 서얼은 양반과 서로 어울려도 벗은 할 수 없고, 서로 친해도 나이대접을 받을 수 없으며, 충고하거나 책선責善하는 도리도 없고, 탁마절시(琢磨切偲: 벗과 함께 열심히 학문을 연마함)하는 의리도 끊겼으며, 말을 하는 때에는 예절이 너무 까다롭고, 만나서 예의를 차리는 즈음에도 원망과 비방이 마구 쏟아져 나옵니다. 이로 말미암아 본다면, 서얼들의 경우 오륜五倫 가운데 끊어지지 않고 간신히 남아 있는 것은 부부유별 한 가지뿐입니다.

아아, 재주 있고 어진 이가 버려져 있어도 근심하지 않고 인륜이 무너져도 구제하지 않으면서도, "서얼 중에는 재주 있고 어진 이가 없다." 하고, 또한 "이렇게 해야만 명분이 바로잡힌다." 하니, 이것이 어찌 이치라 하겠습니까.

앞에서 우리가 읽은 『맹자』의 글귀로도 충분히 이 글을 이해할 수 있겠지요. 연암이 『맹자』를 탐독했다는 사실을 이렇게 확인할 수 있습니다. 『공작관문고孔雀館文稿』「서얼 소통을 청하는 의소〔擬請疏通庶孽疏〕」에 나오는 글입니다.

친구를 사귈 때 어떤 마음가짐이 필요한가요?

김 샘

근거 없는 파자(破字: 글자의 획을 풀어 나눔)입니다만, '사람=삶'이 아닐까요? 우리의 삶에서 가장 중요한 게 사람을 만나는 일이겠죠. 실은 그게 전부일지도 몰라요. 마음 맞는 사람과 떠는 수다는 얼마나 즐거운가요? 싫은 사람과 앉아 있는 자리는 또 얼마나 지루한가요? 학급에 정말 친한 친구 한 사람만 있어도 학교 오기가 신나고, 정말 보기 싫은 친구 한 명만 있어도 교실은 오기 싫은 곳이 되겠죠. 그만큼 사람이 중요해요. 윤후는 친구가 많나요, 적나요?

윤후

저는 붙임성이 부족해서인지 친구가 그렇게 많지는 않아요. 저희 학급에 다섯 명쯤 있어요. 그렇다고 특별히 불편한 친구는 없어요.

김 샘

그럼 됐어요. 친구가 꼭 많을 필요 있나요? 다섯 명의 친구만 있으면 저는 충분하다고 봐요. 건성으로 대하는 친구가 많아 봐야 무슨 소용이 있겠어요.

윤후

같은 대학교에 입학한 친구들을 '지균충'이라고 부르는 대학생들도 있대요. 지역균형선발전형으로 들어온 학생들을 벌레[蟲]에 비유한 표현이라고 해요.

김 샘

친구도 벗도 아닌 지균충이라니……. 이건 교육의 문제이기 이전에 우리 사회의 수준을 말해 주는 것이라고 생각해요. 신분제 사회에서 민주주의 사회가 되었다는 건 엄청난 역사적 진보예요. 그런데 이런 일들을 보면 과연 우리 사회가 조선 시대보다 진보했는가 의심이 듭니다.

윤서

저는 친구 하면 그저 카카오톡이나 페이스북을 하고 떡볶이를 사 먹고 영화 보고 노래방 가고 가끔 고민을 이야기하는 정도인데, 『맹자』가 말하는 벗은 대단한 것을 공유하는 사이 같아요.

김 샘

맞아요. 지금하고는 조금 다른 느낌이 들죠. 예전은 신분 사회였잖아요. 그리고 수직적 인간관계가 많았죠. 임금과 신하의 관계, 부모와 자식의 관계, 스승과 제자의 관계 등 이런 수직적 관계는 참 답답할 때가 많고 조심스럽잖아요. 반면에 벗과 맺는 관계는 수평적이죠. 숨통을 틔울 수가 있어요. 그래서 친구 관계가 중시된 것이 아닌가 싶어요. 다음 글을 함께 읽어 볼까요?

"내 집에 좋은 물건이라곤 단지 『맹자』 일곱 편뿐인데, 오랜 굶주림을 견딜 수 없어 2백 전에 팔아 밥을 지어 배불리 먹었소. 희희낙락하며 영재冷齋 유득공柳得恭에게 달려가 크게 자랑을 했구려. 영재의 굶주림도 벌써 오래였기에, 내 말을 듣더니 그 자리에서 『춘추좌씨전』을 팔아서는 남은 돈으로 술을 받아 나를 대접하지 않겠소. 이 어찌 맹자가 몸소 밥을 지어 나를 먹여 주고, 좌씨가 손수 술을 따라 내게 권하는 것과 무엇이 다르겠소. 이에 맹자와 좌씨를 한없이 칭송하였소. 그렇지만 우리가 만약 해를 마치도록 이 두 책을 읽기만 했더라면 어찌 조금의 굶주림인들 면할 수가 있었겠소. 그래서 나는 겨우 알았소. 책을 읽어 부귀를 구한다는 것은 모두 요행의 꾀일 뿐이니, 곧장 팔아 치워 한 번 실컷 취하고 배불리 먹기를 도모하는 것이 진실한 일이지, 거짓으로 꾸미는 것이 아니라는 것을 말이오. 아! 그대의 생각은 어떠하오?"

윤후

누가 쓴 글이에요?

김 샘

조선 후기의 문인 이덕무李德懋가 벗인 이서구李書九에게 보낸 편지예요.

윤서

이덕무요? 교과서에서 들어본 인물인데요. 책만 읽

는 바보란 뜻으로 간서치看書癡를 자신의 호로 삼았던 분 아닌가요?

김 샘

맞아요. 교과서에도 나오나요?

윤서

예, 저는 문학 교과서인가 참고서에서 보았어요.

김 샘

굶주림을 견디다 못해 애지중지하던 『맹자』를 전당포에 잡혀 오랜만에 온 식구가 둘러앉아 밥을 지어 먹었다는 내용이에요. 참 애잔하지요. 간서치라고 자신을 명명했던 이덕무의 자조가 그 안에 녹아 있어요. 용돈이 부족해서 참고서를 산다고 엄마에게 뻥땅을 치던 우리하고는 한참 다르죠.

윤후

저는 이덕무를 잘 몰라서 그러는데, 참 궁색해 보여요. 하지만 이런 속마음을 터놓을 수 있는 친구가 있다는 건 부러운데요.

김 샘

이덕무의 글 한 편을 더 읽어 보죠. 그는 『선귤당농소蟬橘堂濃笑』라는 수필집을 남겼는데, 그중에 아름다운 글이 있어요. 꼭 함께 읽고 싶은 글이에요.

"만약 내가 한 사람의 지기知己, 즉 벗을 얻는다면 이렇게 하겠다. 10년 동안 뽕나무를 심고, 1년 동안 누에를 길러 손수 오색실을 물들인다. 열흘에 한 빛깔씩 물들인다면 50일이면 다섯 가지 빛깔을 물들일 수 있겠지. 이를 따뜻한 봄, 햇볕에 말려서 아내로 하여금 굳센 바늘로 내 친구의 얼굴을 수놓게 한 다음, 고운 비단으로 장식하고 옥으로 축軸을 만들 것이다. 이것을 가지고 높은 산과 흐르는 물이 있는 곳에다 펼쳐 놓고 서로 말없이 마주보다가 저물녘에 품에 안고서 돌아오리라."

김 샘

축은 붓글씨나 그림을 그려 벽에 거는 족자를 말해요. 윤후, 윤서는 어떤 생각이 드나요?

윤후

뭔가 비장한 느낌이 들어요. 우리는 카카오톡으로 쉽게 소식을 전달하는데, 조선 시대라니까 그런 건 없었겠죠. 10년간 뽕나무를 심고 누에를 쳐서 그 오색실로 친구의 얼굴을 수놓은 족자를 만들겠다는 발상이 대단해요.

김 샘

윤후, 윤서가 이해하기는 아직 쉽지 않겠지만, 인생에서 단 한 사람의 벗을 만난다는 건 평생을 걸어도 좋은 일이에요. 여기에는 세월도 문제가 되질 않죠. 그를 위해서라면 10년도 기다릴 수 있어요. 수놓은 그의 얼굴을 보고 있노라면 그가 멀리 떨어져 있어 만나지 못해도 마음이 통하겠죠. 무슨 말이 필요할까요? 그런 걸 이심전심以心傳心이라고 하죠.

왠지 먼 나라 이야기 같아요. 낭만적이기도 하고요.

윤서

김 샘

오늘과 비교하면 조선 시대는 훨씬 부자유스런 사회였어요. 그런데도 마음은 훨씬 순수했다고 생각해요. 옛날이 나았다는 말이 아니에요. 이해하기 힘들면 그저 마음에 담아 두세요. 언젠가 알게 될지도 모르니까요.

나를 완성하고 남도 완성하게 하라

인간은 욕망의 존재이고 욕망들이 충돌하는 사회는 경쟁이 들끓는 장소입니다. 의도했든 그렇지 않든 우리는 어느덧 경쟁의 마당 한복판에 살고 있습니다. '1등만 기억하는 더러운 세상'이란 시쳇말이 처음엔 농담이었다가 다음엔 전혀 농담처럼 들리지 않기도 하지요. 경쟁력을 키우지 않으면 도태된다는 사회와 자기 내부의 압력에 다들 신경증을 앓고 있는 시대입니다. 이런 와중에 『중용』의 다음 구절은 한갓 뜬구름 같은 이야기로 느껴지기 십상입니다.

> 진실하다는 것은 자신을 완성하는 것뿐 아니라 남까지도 완성하는 것이다. 자신을 완성하는 것은 인, 남을 완성하는 것은 지혜다.

자신을 수양하여 완전한 인격체가 되는 것도 어렵고 중요한 일입니다. 그러나 거기까지가 전부는 아닙니다. 나 자신뿐만 아니라 남의 인격 완성까지도 돕는 경지에 이르러야 완벽한 군자가 될 수 있다는 게 유학의 이상이니까요.

내가 선행을 하려면 어떤 태도가 필요한가? 남이 선행을 하도록 도와주는 것은 무슨 의미가 있는가? 그것이 왜 군자가 행할 가장 중요한 덕목인가 하는 점을 차례로 알아보지요.

「공손추 상 8」에는 자로子路, 우임금, 순임금의 예를 들면서 한 단계씩 점층적으로 선의 최고치, 즉 인의 실천의 최고 단계를 보여 주는 흥미로운 대목이 있어요.

자로, 훌륭한 말은 기쁘고도 두렵다

"자로子路는, 남들이 그에게 잘못이 있다고 말해 주면 기뻐하였다."42 「공손추 상 8」

자로는 공자의 뛰어난 제자로, 『논어』에 공자와 그에 관련된 여러 기록이 나와 있어요. 용맹무쌍하고 무인 기질이 있었죠. 공자에게 심하게 꾸중을 듣기도 하는데, 때로는 스승의 칭찬을 듣고 우쭐해하다가 다시 핀잔을 듣기도 해요. 매력적인 캐릭터입니다. 『논어』를 보면 공자가 안회顔回를 이루 말할 수 없이 편애하는데, 그래도 자로는 묵묵히 스승의 곁을 지켰어요. 그의 뚝심과 의리는 정말 알아줄 만합니다.

나이가 드니 남이 해 주는 충고를 나에 대한 험담으로 받아들일 때가 종종 있어요. 그게 늙는다는 증거겠지요. 저도 가끔은 스승 앞에 불려가 눈물이 쏙 빠지게 꾸지람을 듣던 젊은 시절이 그립습니다. 그렇게 스승에게 혼이 나는 건 배우는 자의 축복이기도 하지요. 자로는 남이 충고를 해 주면 기뻐했다고 해요. 이것만 봐도 그는 우리의 스승이 되기에 부족함이 없습니다. 『논어』 「공야장公冶長」에도 이와 비슷한 자로의 사연이 기록되어 있어요. "자로는, 훌륭한 말씀을 듣고서 아직 실천에 옮기지 못한 상태에서 또 다른 훌륭한 말씀을 들을까 두려워하였다.〔子路 有聞 未之能行 唯恐有聞〕" 세상에는 좋은 말씀들이 넘칩니다. 훌륭한 말이 모자라서 세상이 삭막한 것이 아니지요. 다만 실행에 옮기느냐, 옮기지 못하느냐에 달렸을 뿐이에요. 자로의 용맹스런 실천, 어찌 보면 매정한 실천이 자로를 만들었습니다. 좋은 말만 잔뜩 받아먹고 내 것으로 소화하지 않으면 정신의 변비가 생기지 않을까요? 자로의 우직함, 이걸 배워야겠어요.

우임금, 착한 말에 절을 하다

우禹는 하夏나라를 개국한 시조始祖로, 특히 홍수를 잘 다스리는 치적을 세운 것으로 유명한 인물입니다.

"우임금은 좋은 말을 들으면 그 사람에게 절을 하였다."[43] 「공손추 상 8」

나를 진보하게 할 훌륭한 말씀, 뼈아픈 충고를 해 주는 그 사람에게 절을 한다! 그게 얼마나 어려운지는 나이 들면 더 실감합니다. 하물며 임금이 신하의 충언을 듣고서 절을 한다는 것은 너무도 어려운 일이잖아요. 그래서 우임금이 뛰어난 임금이 된 겁니다.

"우임금은 집 밖에서 8년간 나랏일을 하느라 세 번 자신의 집 문을 지나면서 들어가지 않았다."[44] 「등문공 상 4」

임금으로서 우가 행한 헌신적인 노력을 말해 주는 부분입니다. 그 정도로 그는 훌륭한 임금이었죠. 우임금의 이런 태도는 '즐풍목우櫛風沐雨'에도 드러납니다.

묵자는 말한다. "옛날에 우임금이 홍수를 막을 때 (……) 큰 강 300개와 지천 3000개, 그리고 많은 작은 강의 물길을 터 주었다. 우임금은 직접 삼태기와 쟁기를 들고 온 세상의 강물을 한곳으로 흘러들게 했다. 그 때문에 장딴지에는 솜털도 나지 않았고 정강이에는 굵은 털이 닳아 없어졌다. 폭우로 목욕하고 질풍으로 머리를 빗으면서 모든 나라를 편안하게 했다. 우임금은 위대한 성인인데도 이처럼 온 세상을 위해 자신의 몸을 수고롭게 했다."

우임금이 치수治水를 할 때 강물과 하천을 소통하느라 직접 삼태기와 쟁기를 들고 일했습니다. 한 몸의 편안함을 잊고 천하를 위해 헌신했지요. 그 때문에 장딴지에는 솜털이 나지 않았고 정강이 털이 다 빠졌습니다. 따로 머리를 빗을 시간이 없어 바람결에 머리를 빗고 목욕할 틈이 없어 폭우를 맞으며 목욕을 대신했다고 합니다. 이를 '즐풍목우'라 하지요. 위정자라면 마땅히 즐풍목우의 각오가 있어야 합니다. 『장자』「천하天下」에서 인용했습니다.

순임금, 남의 장점을 취하여 실천에 옮기다

훌륭한 말을 행동으로 옮기는 것 이상은 없을까요? 있습니다!

"위대한 순은 이들보다 훌륭하다. 선한 일을 자기 혼자 실천하는 데 그치지 않고 남과 더불어 실천하셨고, 자기 고집을 버리고 남의

선을 따르셨으며, 남의 좋은 점을 취하여 선을 실천하기를 즐거워
하셨다. 농사짓고 질그릇을 굽고 물고기를 잡던 시절부터 천자의
자리에 오를 때까지 남의 좋은 점을 취하지 않은 적이 없었다."[45]

「공손추 상 8」

순舜임금은 고대 중국의 전설적인 제왕으로, 효행이 뛰어나 요堯
임금으로부터 천하를 물려받았다는 인물입니다.

선은 혼자 하면 독선獨善에 그치고 맙니다. 물론 난세에는 독선이
자신을 지키는 방법이긴 합니다만 더불어 선을 행하는 것이 윗길이
됩니다. 그 방법은요? 자신의 좁은 소견을 버리고 남의 선을 따르
는 것입니다. 이를 사기종인舍己從人이라 했습니다.

요순堯舜은 실존 인물임을 확신할 수 없는, 유학에서 성인聖人으
로 받드는 전설상의 인물들입니다. 세종로에 충무공 이순신李舜臣
장군의 동상이 서 있잖아요. 그분과 그분의 형제의 이름이 여기서
왔습니다. 첫째가 희신羲臣, 둘째가 요신堯臣, 셋째가 순신舜臣, 넷째
가 우신禹臣 이렇게 4형제였습니다. 희신은 복희씨伏羲氏의 신하란
뜻이고, 요신은 요임금의 신하란 뜻이며, 순신은 순임금의 신하란
뜻이고, 우신은 우임금의 신하란 뜻입니다.

군자의 일, 남이 선을 하도록 도와주는 것

앞서 언급했던 에피소드는 모두 성기成己, 즉 자신의 완성과 관련됩니다. 그러나 군자는 이에서 그치지 않고 성물成物, 즉 타인의 완성에까지 이릅니다. 자신의 완성이 타인의 완성에까지 자연스럽게 확대되어 가는 것이 진정한 자기완성이라고 보았습니다.

> "남의 좋은 점을 취하여 선을 실천한다는 것은, 결국 남이 선한 일을 실천하도록 도와주는 일이다. 그러므로 군자에게 남이 선을 하도록 도와주는 것보다 더 중요한 일이란 없다."46 「공손추 상 8」

나의 완성을 위해 자신을 갈고닦는 것, 그게 수양입니다. 수양은 일단 자기완성에 목표가 있지요. 그러나 자신의 완성을 위해서는 남의 좋은 점을 취하고 좁은 자신의 울타리에서 벗어나야 합니다. 그렇기에 결국 남의 장점을 취한다는 것은 자신의 완성에 그치는 것이 아니라, 남이 선을 행하도록 인정하고 권면하는 일이 됩니다. 따라서 나의 완성과 남의 완성은 전혀 별개의 것이 아니라 하나로 이어져 있어요. 유학의 목표는 자기완성을 통한 남의 완성에 그 궁극이 있습니다.

홀로 꿋꿋하게 걸어가라

앞서 우리는 호연지기에 대해 알아보았습니다. 그런 호연지기가 온몸에 꽉 찬 사람이 대장부大丈夫입니다. 국어사전을 펼쳐보면, 대략 '건장하고 씩씩한 사내라는 뜻으로 남자를 이르는 말'로 정의되어 있어요. 흔히 사내대장부라는 말을 씁니다. 이 대장부란 말의 출전이 바로 『맹자』인데, 지금의 뜻과는 사뭇 다릅니다. 횡설수설橫說堅說이란 말도 원래는 좋은 뜻이에요. 그런데 지금은 조리에 닿지 않는 말로 쓰이니, 뜻이 완전히 뽕나무 밭이 푸른 바다가 된 격입니다. 언어란 참 신비한 데가 있어요.

경춘京春이 말했다. "공손연과 장의는 참으로 대장부가 아니겠습니까! 그들이 한 번 성내면 제후들이 두려워하고 가만히 있으면 천하가 잠잠했으니까요."47 「등문공 하 2」

맹자가 살았던 시대는 전쟁의 시대였습니다. 그 시대에 강한 나라가 일곱이었는데, 이들을 당시에 중국의 패권을 놓고 다툰 강대국이라는 뜻으로 흔히 '전국칠웅戰國七雄'이라 합니다. 전쟁의 시대였기에 힘이 약하면 강한 나라에 먹히겠죠. 말 그대로 약육강식弱肉彊食입니다. 그들이 고민 끝에 내린 해법이 이렇습니다. 안으로 내정을 충실히 하고 군비를 확장하여 부국강병을 이루는 것! 두 사람만 모여도 사이가 틀어지기 쉬운데 더구나 일곱 나라의 관계가 늘 좋을 수는 없었겠지요. 이들은 이웃 나라와 때로는 외교전을 펼치고 때로는 전쟁을 일삼아요. 그러나 맹자도 말했듯이 '일치일란一治一亂', 즉 극도로 혼란한 시대가 되면 결국은 그 혼란을 수습하고 평화를 도모하기 마련입니다.

이런 때에 7개의 나라를 다니며 자신의 정치적 주장을 펼친 이들이 있었습니다. 이들은 일종의 외교적 전략을 썼는데 그 전술을 요약하면 합종책과 연횡책입니다.

제자 경춘이 눈치 없이 맹자의 속을 긁는 소리를 했어요. "선생님, 공손연과 장의 같은 유세가들은 참 대단합니다. 이들이 움직이면 제후국들이 그 영향이 자신의 나라에 미칠까 봐 벌벌 떨고, 이들이 잠잠하면 온 천하가 조용하니까요. 아마도 이런 인물을 두고 대장부라고 하겠지요?" 아마도 맹자는 이 말을 듣고 경기를 일으켰을 겁니다. 어찌 왕도 정치를 말하는 내 앞에서 이 따위 망발을! 이렇게 기가 막혀 펄쩍 뛸 때 보이는 맹자의 어법이 바로 '오! 시하언야![惡 是何言也]'입니다. "아! 대체 이게 무슨 소린가?"란 뜻이에요. 상상해 보면, 눈을 부릅뜨고 손을 휘저으며 말을 했겠지요.

> 맹자가 말했다. "이들을 어찌 대장부라 하겠는가? 자네는 예를 배우지 않았는가? 장부가 관례를 할 때 아버지가 훈계하고, 여자가 시집을 갈 때 어머니가 훈계를 한다. 그 딸을 대문에서 전송하며 훈계하기를, '너의 시댁에 가서는 반드시 공경하고 반드시 조심하면서 남편의 뜻을 어기지 말아야 한다.'라고 하니, 순종을 정도正道로 삼는 것은 아녀자의 도리[妾婦之道]이다.(공손연과 장의는 수준이 딱 그 정도야!)"48 「등문공 하 2」

『맹자』를 포함한 고전을 읽을 때 유념해야 할 부분이 있어요. 아무리 고전이라 해도 그 시대의 한계를 벗어날 수 없다는 점입니다. 생각해 보세요. 무려 기원전 3세기에 지어진 책이니까 우리 시대와 맞지 않는 부분이 없으면 오히려 이상해요. 그런 부분은 과감하게 무시해도 좋아요. 고전이라 해서 완전무결한 것이 결코 아닙니다. 오히려 고전이란 그 당시의 가장 첨예한 문제에 대응한 결과물이기에 어쩌면 흠이 많은 게 정상입니다.

'첩부지도妾婦之道'란 말이 그래요. 여자는 순종하는 것이 미덕이고, 남자보다 아래라고 억압했던 시대였기에 이 말로 맹자가 공손연과 장의를 폄하했던 것입니다. 맹모의 일화를 소개한 유향의 『열녀전』을 '훌륭한 여성들의 일화 모음집'이라고 하지만, 이를 뒤집어 생각하면 집에서 빨래하고 애 보는 것이 여자들이 할 일이고, 여성들의 공간은 가정 내로 한정해야 한다는 지배 그룹 남성의 폭력적 시각을 반영하여 만든 책이라고 말할 수도 있어요. 항상 의심하며 글을 읽어야 합니다.

경춘의 말에서 우리는 그의 생각을 세 가지 정도로 읽어 낼 수 있어요. 첫째, 당시에 공손연과 장의 같은 유세가들이 영웅으로 각광을 받았다는 점입니다. 둘째, 천하를 손에 쥐고 흔들 정도의 영향력을 얻고 공적을 세운 사람을 대장부로 인식했다는 점입니다. 셋째, 약간은 비약이지만 '공손연과 장의가 참으로 대장부지요!'라는 경춘의 질문에서 "선생님은 말은 거창하시지만 변변한 공적이 없지 않아요?"라는 비아냥거림을 읽을 수 있어요.

그런데 맹자가 생각하는 대장부는 이와 달랐습니다. "네가 대장부라고 여기는 공손연과 장의라는 인간들은 말이야. 자신들의 소신을 저버리고 제후들의 소원인 부국강병을 위해 고분고분 부역한 인물들이지. 고작해야 제후에게 빌붙어 자신들의 이익이나 불리는 하찮은 인간들이란 말이야. 그들에겐 전쟁으로 살육되고 비참하게 살아가는 백성들을 구제할 마음이 없었던 거야. 그게 정말 훌륭한 공적이라고 생각하나, 자네는?" 그렇다면 맹자는 어떤 사람을 '진정한 대장부'라고 보았을까요?

> "천하의 너른 집[仁]에 살고 천하의 바른 자리[禮]에 서며 천하의 큰
> 도리[義]를 행하면서 뜻을 얻으면 백성과 함께 도를 실천하고 뜻을
> 얻지 못하면 홀로 그 도를 실천한다. 부귀가 그의 마음을 흔들지 못
> 하고 빈천이 그의 절개를 바꾸지 못하며 위세나 무력이 그의 지조
> 를 꺾을 수 없는 사람, 그런 사람을 대장부라 한다."[49] 「등문공 하 2」

맹자가 생각하는 대장부란 사랑과 의로움이라는 원칙에 입각하여 행동하는 사람입니다. 자신의 능력을 펼칠 벼슬을 얻으면 백성과 함께 그 도리를 실천하고, 만일 그런 지위를 얻지 못하면 홀로 자신을 수양할 뿐이지요. 공적을 이루든 이루지 못하든 별 문제가 되지 않는다고 했습니다.

이런 삶을 살아가는 데 방해가 되는 요인은 세 가지라고 보았습니다. 첫째는 부귀요, 둘째는 빈천이요, 셋째는 폭력입니다. 부귀의 유혹은 반듯한 사람도 망가뜨려 놓습니다. 빈천, 즉 가난은 사람을 궁지로 내몰고 구차하게 만듭니다. 폭력은 일차적으로 나에게 가해지는 물리적 폭력입니다. 우리나라에도 극심한 야만의 시대가 있었습니다. 인간을 무자비하게 고문하고 감금하고 살인하던 그런 시대요. 그러나 그런 폭력만이 폭력은 아닙니다. 세상 사람들의 시선의

폭력 또한 이겨 내기 어려운 것은 마찬가지입니다. 다른 사람이 모두 옳다고 할 때, 나 홀로 반대하기란 만만치 않은 거죠. 맹자는 위에서 말한 이 세 가지에 굴복하지 않는 사람, 그런 사람을 대장부라고 말합니다.

대장부의 대大는 우리말로 크다는 뜻인데, 『맹자』에는 대장부의 반대말로 소장부小丈夫와 천장부賤丈夫가 나옵니다.

천장부, 이익에 눈이 먼 사람

천장부를 설명하는 다음 대목을 읽어 보겠습니다.

"계손씨가 이런 말을 한 적이 있다. '자숙의는 참 이상하다. 임금이 자신에게 정치를 맡겼다가 들어주지 않으면 벼슬을 그만두어야 하는데, 또다시 자기 자식을 경卿의 자리에 앉히려 하다니. 사람이 누군들 부귀를 원하지 않겠는가? 그러나 자숙의는 유독 부귀한데도 또 사사로이 부귀를 독점하려는구나.' 옛날에 시장에서 장사를 하는 자들은 자기가 소유한 물건을 가지고 자기에게 없는 물건과 바꾸었고, 시장을 담당한 관리는 상거래 질서가 어지러운지를 감독만 할 뿐이었다. 그런데 어떤 천박한 사내가 있어, 반드시 높은 언덕[龍斷]을 찾아 올라가서는 좌우로 교역 상황을 둘러보고서 시장의 이익을 독점하였으므로 사람들이 모두 그 사내를 천하게 여겼다. 그래서 그러한 행위에 대해 세금을 징수하였다. 상인에게 세금을 물린 것은 이 천한 사내로부터 시작된 것이다."[50] 「공손추 하 10」

최근 우리 사회를 휩쓴 정치적 소용돌이 속에서 '농단壟斷'이란 단어가 회자되었는데, 그 농단이란 단어가 『맹자』의 이 부분에서 나왔습니다. 농단의 원래 뜻은 '깎아지른 듯 높은 언덕'을 말하는데, 문맥으로 볼 때 여기서는 그곳에 올라가 이리저리 살펴보고 자신의 이익을 마치 그물질하듯 가져오는 것을 뜻하지요. 그런 행동을 하는 사람을 천장부라 불러요.

한 나라의 최고 국정 책임자가 공적 시스템을 깡그리 무시하고, 사인私人과 더불어 국정을 의논하고 국가 기관을 도구로 삼아 사익을 독차지하려 한 것이 국정 농단 사태의 핵심이지요. 『맹자』가 말한 농단의 의미를 어쩌면 그렇게도 정확히 실현했는지 감탄이 절로 나옵니다. 아마도 이 사건의 주범과 종범들이 『맹자』를 꼼꼼히 공부했지 싶어요. 열심히 공부해서 반대로 써먹은 거지요.

이뿐인가요? 떵떵거리며 권세를 누리는 자들이, 인용문의 자숙의처럼 자기 자식의 로스쿨 입학을 청탁하고 채용 비리에 개입하는 등 온갖 추한 일을 한 것으로 언론에 나왔잖아요. 이들이 바로 맹자가 말한 천장부들입니다.

앞에서 말했지만 대장부란 세상이 뭐라 하든 자신의 신념을 꿋

꿋하게 지키는 사람입니다. 그런데 슬프게도 여전히 세상에는 뜻을 펼치지 못하는 대장부가 많고 천장부가 활개를 치고 있습니다. 세상은 또 천장부 못지않게 공자와 맹자가 미워한 향원鄕愿으로 득실거립니다.

향원, 줏대 없이 휩쓸리는 사람

그 사람이 진정 미워하는 인물의 유형을 알면 그 사람이 정말 좋아하고 존경하는 인물 유형을 알 수 있습니다. 공자가 싫어한 인물형인 향원에 대해 알아볼까요?

만장이 물었다. "온 동네 사람들이 모두 믿음직스럽다고 칭찬하는 사람은 어디를 가든 믿음직스러운 사람으로 인정받을 텐데 공자는 도덕을 해치는 자라고 비판하였습니다. 그 까닭이 무엇입니까?" 맹자가 말했다. "비난하려 해도 딱 꼬집을 데가 없고 약점을 찾으려 해도 약점을 찾을 수가 없다. 세상의 흐름을 함께 따르며 더러운 세상에 영합한다. 평소의 태도로 보면 충직하고 신의가 있는 듯하고 행동으로 보면 청렴결백한 듯하다. 많은 사람들이 그를 좋아하고 자신도 스스로를 옳다고 여기지만 요순의 도에 함께 들어갈 수는 없다. 그래서 공자가 덕을 해치는 자라고 했다. 공자가 말했다.

'겉으론 그럴듯해도 속으론 가짜인 것을 미워한다.'"51 「진심 하 37」

만장이 맹자에게 묻습니다. "선생님, 온 동네 사람들이 모두 믿음직스럽다고 하니, 그런 사람은 어디를 가든 미더운 사람으로 인정받을 텐데, 공자께서는 왜 그토록 덕을 해치는 자라고 미워했습니까?" 맹자가 대답했습니다. "만장아! 잘 생각해 보아라. 이런 사람은 말이야. 누구와도 잘 지낸다. 왜냐? 누구에게도 싫은 소리를 하지 않기 때문이지. 그래서 딱히 꼬집어 흠을 잡을 데가 없는 거야. 그런데 그런 태도야말로 더러운 세상과 영합하는 자세란다. 말하자면 이런 사람은 진짜와 비슷하지만 실은 가짜야!" 우리가 쓰는 '사이비似而非'가 여기서 나왔어요.

대장부의 마음

전라남도 강진에 만덕산이 있고 그 품에 다산 초당이 있어요. 다산 초당은 다산 정약용이 무려 18년에 가까운 세월을 유배지로 삼아 시련을 딛고 전무후무한 학문을 일궈 낸 곳입니다. 잘나가던 정약용이 돌연 정조의 죽음으로 불어닥친 신유박해(辛酉迫害: 1801년, 신유년에 일어난 천주교 박해사건)의 여파로 한반도의 남쪽 끝 강진까지 유배를 갔습니다. 둘째 아들 정학유丁學游가 아버지의 유배지에 머물다 고향 능내로 돌아가는 길이었어요. 다음은 아버지 다산이 아들 학유에게 써 준 훈계의 말씀입니다.

> 아침에 볕이 먼저 든 곳은 저물 무렵에 그늘이 빨리 찾아오고, 일찌 감치 피는 꽃은 그 시듦도 빠른 법이다. 운명은 돌고 돌아 한 시각도 멈추지 않는다. 이 세상에 포부가 있는 사람은 한때의 시련 때문에 마침내 청운의 뜻까지 꺾여서는 안 된다. 대장부〔男子漢〕의 가슴 속에는 가을 매가 하늘로 치솟는 기상을 지니고서 천지를 작게 보고 우주를 손바닥 안에서 가벼이 놀리듯 생각해야 옳다.

멋집니다. 가을 매가 하늘로 치솟는 그 기상이란. 이게 바로 우리가 앞서 봤던 호연지기의 기상이고, 대장부의 기상이지요. 가혹한 운명 앞에 좌절하지 않고 당당하게 맞섬, 그게 대장부의 모습입니다. 원문에는 남자한男子漢, 즉 사나이로 되어 있지만 그 뜻이 꼭 같아서 대장부로 옮겼습니다.

『맹자』「진심 상 24」에 이런 구절이 있어요. "해와 달은 빛이 있어, 빛이 비출 만한 공간이 있으면 반드시 비추기 마련이다.〔日月有明 容光必照焉〕" 쨍 하고 해 뜰 날이 있고, 사노라면 언젠가는 좋은 날도 오는 법이지요. 희망이 보이지 않을 때는 견딜 줄도 알아야 해요.

일제하 독립운동가 매헌梅軒 윤봉길尹奉吉 의사는 1930년 3월 6일, 23세의 푸릇한 나이에 둘째 아이를 지어미의 뱃속에 남겨둔 채

조국 독립에 몸을 바치러 길을 떠납니다. 중국으로 길을 나서며 그는 다음과 같은 글귀를 남겼습니다. "대장부 큰 뜻 품고 집을 나가니, 살아서는 돌아오지 않으리.〔丈夫出家生不還〕" 차마 발걸음이 떨어지지 않았겠죠. 여기의 '집'이 어찌 가족이 사는 집만을 뜻할까요? 자신의 좁은 울타리를 박차고 더 큰 세계로 나아가려면 이만한 결기가 있어야겠죠. 그런데 마지막 세 글자는 참 가슴 아파요. 생불환 生不還. 원문대로 해석하면 '살아서는 돌아오지 못하리'입니다. 체념이 담겨 있어요. 그러나 살아서는 돌아오지 '않겠다'는 결심도 담겨 있어요. 이 두 감정, 돌아오지 못할 길을 떠난다는 안타까움과 그래도 길을 떠나는 의연함이 녹아 있습니다.

윤봉길이 남긴 글귀는 연燕나라의 자객 형가荊軻가 부른 「역수의 노래〔易水歌〕」를 변용한 겁니다. 진시황을 암살하려고 떠나는 형가가 친구 고점리高漸離의 배웅을 받고 역수를 건너며, "바람 쓸쓸하고/역수물 차갑구나./장사壯士 한 번 길을 떠남이여./다시 돌아오지 않으리.〔風蕭蕭兮 易水寒 壯士一去兮 不復還〕"라는 노래를 부릅니다.

1932년 윤봉길의 나이 스물다섯, 4월 29일 홍커우 공원의 거사 하루 직전에 김구金九는 윤봉길에게 다음과 같은 말을 건넵니다.

나는 이번 거사가 확실히 성공할 것을 미리 알고 있소. 군이 일전에 하던 말씀 중 이제는 가슴에 번민이 그치고 편안해진다는 것은 성공의 확실한 증거라 믿소. 돌이켜보면 내가 치하포에서 쓰치다〔土

田讓亮)를 죽이려 했을 때 가슴이 몹시 울렁거렸지만, 고능선 선생이 가르쳐 주신 '득수반지무족기得樹攀枝無足奇 현애철수장부아懸崖撤手丈夫兒'란 구절을 떠올리니 마음이 가라앉았소. 군과 내가 거사하는 심정은 서로 같은 것 아니겠소.

백범의 스승 고능선이 백범에게 말해 주었다는 구절은 송나라 야보冶父 선사의 『금강경오가해金剛經五家解』에 나오는 구절로, '나뭇가지 잡고 버티는 것은 기이할 것 없네. 벼랑에서 손을 떼어야만 참으로 대장부라네'란 뜻입니다. 작은 이익과 유혹에 연연하지 않고 현실을 박차고 나아가야 길이 열린다는 말씀입니다. 절벽에서 살려고 아등바등 손을 잡고 있다는 건 사소한 이익을 탐한다는 뜻이지요. 과감하게 포기할 수 있는 용기가 필요할 때가 있죠. 그러나 현실이 그리 녹록지만은 않아요. 그러니까 어렵고, 어려우니까 보람이 있겠지요. 여기에도 맹자가 말한 장부, 즉 대장부가 나오네요. 인용문의 출전은 『백범일지白凡逸志』입니다.

4부
—

꽃과
열매

: 정치론

사랑과 옳음이냐,
이익이냐

우리가 지금껏 읽어 온 『맹자』의 생각 중에는 우리 시대와 맞지 않는 면도 많아요. 다만 이 책이 계속해서 읽히는 이유가 무엇일까를 따져 보는 일은 필요합니다. 저는 시대를 뛰어넘어 맹자가 우리에게 전하는 가슴 뭉클한 메시지가 있기 때문이라고 생각합니다.

맹자가 말하고자 하는 궁극은 '선한 마음'에 바탕한 '선한 정치(仁政)', 혹은 '왕의 착한 마음'에서 확충된 '왕도 정치'였습니다. 인정이 바로 왕도 정치이고, 이 모두는 백성이 근본이라는 사상에 뿌리를 둡니다. 맹자는 어진 임금의 착한 정치를 바랐는데, 과연 훌륭한 지도자란 어떤 모습일까요?

아름다운 석양 대통령

시인 신동엽의 「산문시1」을 같이 읽어 볼까요?

스칸디나비아라든가 뭐라구 하는 고장에서는 아름다운 석양 대통령이라고 하는 직업을 가진 아저씨가 꽃리본 단 딸아이의 손 이끌고 백화점 거리 칫솔 사러 나오신단다. 탄광 퇴근하는 광부들의 작업복 뒷주머니마다엔 기름묻은 책 하이덱거 럿셀 헤밍웨이 장자莊子 휴가여행 떠나는 국무총리 서울역 삼등대합실 매표구 앞을 뙤약볕 흡쓰며 줄지어 서 있을 때 그걸 본 서울역장 기쁘시겠오라는 인사 한마디 남길 뿐 평화스러이 자기 사무실문 열고 들어가더란다. 남해에서 북강까지 넘실대는 물결 동해에서 서해까지 팔랑대는 꽃밭 땅에서 하늘로 치솟는 무지개빛 분수 이름은 잊었지만 뭐라군가 불리우는 그 중립국에선 하나에서 백까지가 다 대학 나온 농민들 추럭을 두대씩이나 가지고 대리석 별장에서 산다지만 대통령 이름은 잘 몰라도 새이름 꽃이름 지휘자 이름 극작가이름은 훤하더란다 애당초 어느쪽 패거리에도 총쏘는 야만엔 가담치 않기로 작정한 그 지성知性 그래서 어린이들은 사람 죽이는 시늉을 아니하고도 아름다운 놀이 꽃동산처럼 풍요로운 나라, 억만금을 준대도 싫었다 자기네 포도밭은 사람 상처내는 미사일기지도 탱크기지도 들어올 수 없소 끝끝내 사나이나라 배짱지킨 국민들, 반도의 달밤

무너진 성터가의 입맞춤이며 푸짐한 타작소리 춤 사색뿐 하늘로
가는 길가엔 황토빛 노을 물든 석양 대통령이라고 하는 직함을 가
진 신사가 자전거 꽁무니에 막걸리병을 싣고 삼십리 시골길 시인
의 집을 놀러 가더란다. 「산문시1」(신동엽)

'아름다운 석양 대통령'이란 직업을 가진 '아저씨'가 딸아이의 손
을 잡고 백화점에 나와 칫솔을 삽니다. 퇴근하는 광부의 작업복 뒷
주머니에는 일하는 짬짬이 읽었는지 철학책과 문학책이 꽂혀 있고
요. 휴가를 떠나는 국무총리는 서울역 삼등칸 매표구에서 서민들과
함께 뙤약볕을 뒤집어쓰며 줄을 섭니다. 총리라는 사람이 플랫폼까
지 관용차를 몰고 들어가는 몰상식은 없어요. 서울역장은 굽신거림
없이 잘 다녀오라고 하며 휙 지나가 버립니다. 그 나라의 국민들은
자기 나라 대통령 이름은 몰라도 새 이름, 꽃 이름, 지휘자 이름, 극
작가 이름은 훤합니다. 우리는 이런 나라에서 살 수 없을까요?
시와 문장 중에서 가장 뛰어난 작품을 흔히 압권壓卷이라 합니다.
이는 과거 시험에서 가장 뛰어난 답안지를 다른 답안지 위에 얹어
놓은 데서 유래했는데, 『맹자』의 압권이라면 단연 「양혜왕 상」의 첫
장이라고 생각합니다. 맹자 사상이 도도한 문장과 함께 집약된 곳
이거든요. 또 『맹자』의 편집에 관여한 사람들이 이 글을 책의 첫머
리에 둔 데에는 그만한 이유가 있겠죠. 맹자의 인의仁義의 사상을
장식하는 첫머리 글이 바로 그 유명한 양혜왕과 나눈 대화입니다.

나라를 지탱하는 원리

맹자가 양나라 혜왕을 만났습니다. 맹자는 임금이 자신을 낮추고 예를 갖추어 초청하지 않으면, 구태여 만남을 구걸하지 않았어요. 사마천『사기』의 기록인 '양혜왕 35년에 임금이 자신의 예를 낮추고 예물을 후하게 갖추어 어진 이를 초청하자 맹자가 수도 대량에 이르렀다'는 대목을 보면, 양혜왕과의 만남도 맹자 자신의 소신을 지키면서 이루어진 만남이라는 것을 알 수 있어요.

맹자가 양혜왕을 만났다. 왕이 말했다. "어르신께서 천리 길도 멀다 않고 찾아오셨으니 앞으로 우리나라에 이익이 있겠지요?" 맹자가 대답했다. "왕께서는 하필 이익[利]을 말씀하십니까? 인의仁義가 있을 뿐입니다. 왕께서 '어떻게 하면 우리나라를 이롭게 할 수 있을까?'라고 생각하면, 대부들은 '어떻게 하면 우리 집안을 이롭게 할 수 있을까?'라고 생각하고, 선비나 백성들은 '어떻게 하면 내 자신을 이롭게 할 수 있을까?'라고 생각할 것입니다. 이처럼 위와 아래가 서로 이익을 다투면, 나라가 위태로워질 것은 뻔한 이치입니다. 만승萬乘의 부유함을 지닌 나라에서 그 임금을 시해하는 자는 반드시 천승千乘의 부유함을 지닌 집안에서 나오기 마련이고, 천승의 부유함을 지닌 나라에서 그 임금을 시해하는 자는 반드시 백승百乘의 집안에서 나오기 마련입니다. 만 중에서 천을 가졌고 천 중에서 백을 가졌다면, 결코 적은 것이 아닌데도, 의리를 내팽개치고 이익만 앞세운다면 몽땅 빼앗지 않고는 만족할 줄 모를 것입니다. 어진 사람치고 자기의 어버이를 버리는 자는 없고, 의로운 사람치고 자기의 임금을 얕잡아 보는 자는 없습니다. 왕께서는 인의를 말씀하실 뿐이지, 어찌 군이 이익을 말씀하십니까?"[1] 「양혜왕 상 1」

'말꼬리에 붙은 파리가 천리를 간다'는 말이 있어요. 여기 나오는 양혜왕은 역사에서 그다지 존재감이 없었는데 『맹자』에 실리는 바람에 현재까지 이름이 전해지는 행운을 얻었습니다. 물론 책을 만든 맹자 측이 못난 임금으로 그리긴 했지만요.

양혜왕은 맹자를 만나자마자 대뜸 물어요. "어르신께서 천리를 멀다 않으시고〔不遠千里〕 찾아와 주셨는데, 내 나라를 이롭게 할 방책을 가지고 오셨겠지요?" 표준국어대사전에도 당당히 표제어로 올라 있는 '불원천리不遠千里'란 말이 여기서 나왔습니다. 양혜왕이 한 질문의 핵심은 나라의 '이익'입니다. 말하자면 국익國益인데, 양혜왕이 말하는 국익은 '부국강병'이에요. 전쟁의 시대이니만큼 지극히 현실적인 질문이죠. 그런데 맹자는 다소 엉뚱하게도 일언지하에 이렇게 대답합니다. "왕께서는 어찌하여 이익을 말씀하십니까? 사랑〔仁〕과 옳음〔義〕이 있을 뿐입니다." 맹자가 한 대답의 핵심은 인의입니다. 쉽게 말해 도덕이지요. 이익을 앞세울 것이 아니라 도덕, 즉 인의를 앞세워야 한다는 것입니다. 이 대답을 들은 양혜왕의 표정은 어땠을까요? 생뚱하지 않았을까요?

의문이 들어요. 생각해 보면 이익이 나쁠 이유는 없으니까요. 임금이라면 그 나라의 백성들에게 이익을 주어야 하는 게 당연하지요. 백성을 잘살게 한다는 말도 이용후생利用厚生이지 않습니까? 그런데 왜 맹자는 펄쩍 뛰며 단호하게 '이익'이 아니라 '인의'가 더 중요하다고 힘주어 말할까요? 그 이유는 '부국강병'과 관련 있어요.

부국강병은 요즘 말로 하면 경제력과 군사력을 증강한다는 말입니다. 나라를 부유하게 하고 군대를 강하게 하는 것이 그 자체로 무엇이 문제이겠습니까? 그런데 그게 아니에요. 전국 시대의 부국강병이란 백성들에게 토지를 개간하게 해서 세금을 많이 거두고, 거둔 세금으로 군대를 양성하여 이웃 나라에 대한 군사적 우위를 차지하려는 것입니다. 나라를 부유하게 하는 것이 백성들의 삶의 질을 향상시키는 것과 관련이 없어요. 결국 허울 좋은 부국강병론에 백성들만 죽어 나가는 겁니다. 더구나 이 당시 중국은 다양한 국가가 존재했으므로 굳이 이 나라 백성일 필요가 없어요. 그러니 나라에 충성한다는 개념 자체가 없었어요. 나를 잘살게 해 준다면 연나라 백성이든 제나라 백성이든 아무 상관이 없었거든요. 요컨대 나라의 부강은 백성의 부강과 일치하지 않고, 더 나아가 임금의 욕심을 채우는 데 쓰였어요.

나라의 이익은 사유화해서는 안 된다는 것, 이 점을 맹자는 힘주어 말하고 있습니다. 조선이 멸망한 것도 나라의 이익을 제 것인 양

농단한 몇몇 가문 때문이었어요. 나라가 공적인 것임을 잊은 결과죠. 맹자는 사회 전체가 자신들의 이익만 추구하여 그게 온통 유행할 때 어떤 상황이 발생하는지 생각해 보자는 겁니다. 여기서 그의 유장한 언설이 시작됩니다. "생각해 보십시오. 왕께서 나라의 이익을 말한다면, 대부들은 자신의 가문의 이익을 말할 것이고, 하급관리(士)와 서인은 자신들 한 몸의 이익을 말할 것입니다. 그 결과는 어떻게 될까요? 위와 아래가 서로 이익을 놓고 다투다가 결국은 나라를 말아먹고 말겠지요.

당시의 국력은 군사용 수레의 수로 표현되었습니다. 춘추 시대 제齊나라의 병법가인 사마양저司馬穰苴가 지었다는 병법서인 『사마법司馬法』에 따르면, 군사용 수레 1대에 갑옷 입은 무장군 3명, 보병 72명, 말 4필, 소 12두, 짐수레 1대, 취사병 5명, 의장대 5명, 소와 말을 먹이는 병사 5명, 물 긷는 병사 5명이 따랐습니다. 이에 따라 계산하면, 만승의 나라는 곧 1만 대의 군사용 수레와 75만 명의 병사, 4만 필의 군마軍馬, 25만 명의 잡역군, 12만 마리의 소를 갖춘 나라입니다. 천승의 나라나 백승의 가문도 이 기준에 따라 가늠할 수 있습니다. 흔히 만승의 나라는 '천자의 나라', 천승의 나라는 '제후의 나라', 백승의 가문은 제후 나라의 '대부'를 가리킵니다.

만승의 나라의 임금을 시해하는 자는 반드시 천승의 가문의 제후일 테고, 천승의 나라의 임금을 시해하는 자는 반드시 백승 가문의 대부일 터입니다. 그 원인은 무엇일까요? 인의를 뒷전으로 하고 이익만 앞세웠기 때문입니다. 맹자의 말은 이렇습니다. "이익만 자꾸 앞세우면 신하들이 종국에는 당신도 저버릴 겁니다. 어찌 이익만 말씀하십니까? 인의를 말씀하셔야 나중에 당신에게도 유리한 거예요. 멀리 내다봐야지요."

'나의 이익 추구'만이 행위의 기준이 된다면, 사람들은 자신의 욕망을 향해 질주할 겁니다. 그런데 사람이란 또 영악해서 자신에게 이익이 된다면 당장 눈앞의 욕망만을 좇지 않고 미래를 위해 욕망을 보류하기도 할 테죠. 적절한 비유일지 모르지만 아버지를 인의의 마음으로 사랑하고 존경하는 것이 아니라 유산을 바라보고 효도하는 척할 수도 있겠지요. 맹자의 본문과 관련해서 말하면, 당장은 왕의 위세가 무서워 겉으로는 왕이 내린 명령을 고분고분 따르겠지만 그것도 결국은 자신의 이익을 챙기기 위해서이고, 더 큰 이익을 위해서라면 언제라도 손바닥 뒤집듯 왕을 배신하리라는 뜻입니다.

맨 마지막 문장, "어진 사람치고 자기의 어버이를 버리는 자는 없고, 의로운 사람치고 자기의 임금을 얕잡아 보는 자는 없습니다. 왕께서는 인의를 말씀하실 뿐이지, 어찌 굳이 이익을 말씀하십니까?"라는 어감이 묘합니다. 인의를 실천하지 않고 자꾸 이익만 밝히면 결국 아랫사람들이 당신을 저버리게 될 것이라고 약간은 협박조로 말하는 듯이 보여요. 양혜왕이 알아들었는지는 모르겠어요.

그렇다면 이익과 의로움은 양립 불가능한 것이 아니라고 볼 수 있습니다. 맹자의 의도는 이익을 앞세웠을 때는 당사자에게 불이익의 결과가 다가오고 인의를 앞세웠을 때는 당사자에게 종국에는 이익이 온다는 뜻이니까요. 따라서 궁극적이고 항구적인 이익을 추구하기 위해서는 역설적이게도 이익은 잠시 보류하고, 옳음을 먼저 말해야 한다는 것입니다.

평화주의자 송경과 나눈 대화

전국 시대를 이해하는 핵심 키워드는 전쟁과 통일입니다. 맹자의 사상을 포함하여 이 시대의 모든 사상은 싫든 좋든 전쟁을 중심에 놓고 있어요. 전쟁을 통한 통일이든, 전쟁을 부정하는 통일이든 말이에요. 그만큼 지긋지긋한 전쟁을 끝내고자 하는 바람이 있었어요. 맹자의 구상은 한 나라가 인의를 표방하여 왕도 정치를 베풀면 다른 나라의 백성들이 자진해서 왕도 정치를 베푸는 나라로 귀순해 올 것이고, 그러다 보면 인정을 베푸는 왕이 천하를 통일하게 되리라고 보았어요. 순진한 생각일까요? 아무튼 맹자도 전쟁을 근본적으로 부정하지는 않았어요.

송경(宋牼: 전쟁을 반대하는 것이 나라의 이익이 된다는 공리주의적 평화주의자)이 초나라로 가던 길에 석구石丘에서 맹자를 만났습니다. 진나라와 초나라가 전쟁을 벌이려 한다기에 송경 자신이 말리러 가는 길이고, 두 임금 중 한 사람은 반드시 자신의 말을 들을 거라고 말합니다. 그러자 맹자는 어떻게 그들을 설득할지 그 취지를 설명해 달라고 요청합니다.

송경이 말했다. "나는 전쟁이 이롭지 않다는 것을 말하려 합니다."
맹자가 말했다. "선생의 뜻은 크지만 선생의 구호는 옳지 않습니다."[2 「고자 하 4」]

맹자의 입장에서 보면, 전쟁을 '이로움'의 관점에서 접근하는 송경도 양혜왕과 오십보백보예요. 두 나라의 전쟁을 말리려는 송경의 주장이 양혜왕보다 낫기는 하겠죠. 그러나 맹자의 눈에는 그게 그거예요.

"선생이 이익을 이유로 진나라 왕과 초나라 왕을 설득하면 진나라 왕과 초나라 왕이 그 이익을 기뻐하여 삼군三軍의 군대를 물릴 것이니, 이는 삼군의 군사가 군대를 물림을 즐거워하고 이익이 되는 것에 기뻐하도록 한 것입니다. 신하된 자가 이익을 생각하면서 그 임금을 섬기고, 자식된 자가 이익을 생각하면서 그 아비를 섬기며, 동생된 자가 이익을 생각하면서 그 형을 섬긴다면, 이는 군신과 부자와 형제가 끝내 인의를 버리고 이익을 생각하면서 서로 대하는 것입니다. 그렇게 하고도 망하지 않은 경우는 없었습니다."[3 「고자 하 4」]

군대를 물리는 일이 이익이 된다고 진나라와 초나라의 왕을 설득하여 전쟁을 중지하게 하는 것은 언뜻 괜찮은 방책으로 보입니다. 그러나 맹자의 통찰은 여기서 한 걸음 더 들어갑니다. 매사를 이익의 관점, 즉 공리주의功利主義의 관점에서 파악할 때 어떤 문제가 생길까요?

"선생이 인의로 진나라 왕과 초나라 왕을 설득하면 진나라 왕과 초나라 왕이 인의를 기뻐하여 삼군의 군사를 물릴 테니, 이는 삼군의 군사가 군사를 물림을 즐거워하고 인의를 기뻐한 것입니다. 신하된 자가 인의를 생각하면서 그 임금을 섬기고, 자식된 자가 인의를 생각하면서 그 아비를 섬기며, 아우된 자가 인의를 생각하면서 그 형을 섬긴다면, 이는 군신과 부자와 형제 사이가 이익을 버리고 인의를 생각하면서 서로 대하는 것이니, 그렇게 하고도 천하의 왕이 되지 못한 자는 있지 않으니 어찌 꼭 이익을 말합니까?"[4] 「고자 하 4」

맹자는 평화라는 숭고한 목적이 있다 해도 그 달성을 위해 사람들의 이기심을 자극한다면, 궁극적으로 사람들은 자신들의 이익에 따라 행동할 거라고 합니다. 무슨 뜻일까요? 평화가 선이라고 해도 더 유용하고 자신에게 이익이 되는 게 나타난다면 언제든지 평화는 내팽개칠 수 있겠죠. 결국 송경의 논리는 이기심을 인정하는 것이고 그 결과, 이기심을 놓고 충돌하는 상황을 피할 수 없게 됩니다.

어찌해야 할까요? 평화가 진정한 선이라면 우리 마음이 그 평화를 원해야만 가능합니다. 평화라는 가치가 우리 자신의 마음에 뿌리를 내리고 있어야 하지요. 맹자의 생각으로는 임금이 백성을 사랑하는 인의의 마음을 회복해야만 평화가 가능합니다. 즉 측은지심을 통해 백성들을 죽음의 땅으로 내모는 부국강병을 멈추고 백성들이 먹고 살 수 있는 생업을 만들어 주는 일에 매진할 때, 비로소 그 평화라는 목적이 달성될 수 있다고 보았습니다.

국익을 위해 개인은 희생되어도 괜찮은가

「양혜왕 상 1」은 오늘의 우리에게 많은 점을 시사합니다. 직업이 교사인 저는 그날 이후 『맹자』의 이 대목을 읽을 때마다 그 사건이 떠오릅니다. 일어나지 말았어야 할, 그러나 어떤 행태로든 일어날 수밖에 없었던 일, 그래도 다시는 일어나지 말아야 할 일. 그게 바로 2014년 4월 16일에 일어난 세월호 사건입니다. 이익의 이름으로, 경쟁의 이름으로 인의를 저버렸을 때 그 결과는 참담합니다. 이익을 위해 배의 구조를 변경하고 차량을 과적하고 사람을 많이 태운 그 끝이 어떠한가요? 아무 죄 없는 우리 아이들을 차가운 바다에 수장시키고 말았어요. 금요일에 아이들은 돌아오지 못했습니다.

이익의 또 다른 이름은 경쟁입니다. 원칙을 지킨 경쟁이라면 마다할 일이 아닙니다. 경쟁 자체를 없애야 한다는 혹세무민의 주장을 저는 믿지 않습니다. 다만 무한경쟁만이 우리가 갈 길인지는 뼈아프게 되돌아보아야 합니다. 우리 사회는 그동안 너무 빨리 달려오지 않았나요? 경제를 성장시켜 국력을 신장시켜야 한다는 목표를 무슨 절체절명의 신의 계시처럼 떠받들면서 앞만 보고 질주하지 않았나 말이에요.

또 반드시 짚고 넘어갈 일이 바로 양혜왕이 말한 '나라의 이익'입니다. 국익은 국가 운영의 최고선인가? 과연 우리 시민들의 이익과 부합하는 것인가? 국민의 희생을 강요하는 국익이 무슨 의미가 있는가? 따져 물어야 합니다.

제가 사랑하는 작가 알베르 카뮈Albert Camus는 「정의와 어머니」라는 글에서 말합니다. "나는 정의를 사랑한다. 그러나 그 정의가 나의 어머니에게 총부리를 겨눈다면 나는 어머니의 편을 들겠다." 국익이 정의의 탈을 쓰고 국민에게 희생을 강요한다면 우리는 어느 편에 서야 할까요? 국익의 이름으로 인간을 억압한다면 그 국익은 인간을 잡아먹는 괴물일 뿐입니다.

왕도 정치란 무엇인가

우리나라에선 웬일인지 돈을 가진 사람이 명예까지 거머쥐려고 정치를 하는 경우가 많아요. 국회의원 선거에 뛰어드는 인물의 면면을 살펴보면 그래요. 그런데 맹자의 말을 들어 보면, 정치가가 얼마나 위험한 직업인지 알게 됩니다.

정치란 무엇인가

맹자가 말했다. "화살 만드는 사람이 어찌 갑옷 만드는 사람보다 어질지 않겠는가? 그러나 화살 만드는 사람은 오직 자기가 만든 화살이 남을 상하게 하지 못할까 봐 걱정하고, 갑옷 만드는 사람은 오직 자기가 만든 갑옷이 사람을 상하게 할까 봐 걱정한다. 사람의 병을 치유하는 무당과 죽은 사람의 관을 만드는 목수 역시 그러하다. 그러므로 직업의 선택은 신중하지 않을 수가 없다."5 「공손추 상 7」

화살을 만드는 사람도 갑옷을 만드는 사람도 모두 선한 면에서는 차이가 없습니다. 그런데 화살을 만드는 사람은 자기가 만든 화살이 그것을 맞은 사람을 상하게 할까를 생각합니다. 반면에 갑옷을 만드는 사람은 자기가 만든 갑옷이 다른 공격으로부터 그 사람을 보호할까를 생각하죠. 마찬가지로 사람의 병을 치유하려는 무당은 그 사람이 살아날 것을 기원하고, 죽은 사람의 관을 만드는 목수는 사람이 죽기만을 기다립니다. 그렇기에 직업을 선택할 때는 신중하지 않으면 안 되겠죠. 이 이야기는 정치인에게 딱 들어맞는 말이에요. 자신의 이익이 아니라 다른 사람을 살리는 정치를 할 사람이 정치인이 되어야 한다는 뜻이니까요.

"오직 어진 자만이 높은 지위에 있어야 하니, 인仁하지 아니한데도 높은 지위에 있으면 이는 대중에게 악을 퍼뜨리는 것이다."6 「이루 상 1」

맹자의 생각은 임금을 포함하여 위정자는 기본적으로 어진 사람이어야 한다는 것이에요. 말하자면 높은 지위는 신분의 세습이 아니라 도덕적 능력에 따라 성취되어야 한다는 거죠. 당시로 보면 대단히 파격적인 발언입니다. 만일 위정자가 잔인하다면 그는 지위를 이용하여 백성들을 잔인하게 괴롭힐 것입니다. 그런데 이는 단지 악을 퍼뜨리는 데서 끝나지 않아요.

> "위에서는 도리를 헤아려 법도를 제정하지 않고 아래에서는 법도를 지키지 않으니, 조정(위정자)에서는 도리를 믿지 않고 관리들은 법도를 믿지 않는다. 그리하여 위정자는 대의人義를 무시하고 아랫사람들은 법을 어기는 지경에 이르게 되는데, 이렇게 되고서도 나라가 보존된다면 그것은 요행이다."7 「이루 상 1」

정치인을 포함한 사회의 리더들이 법을 지키지 않으면 백성들도 법을 지키지 않는다는 말입니다. 그러면 나라꼴이 어떻게 되겠습니까? 망하는 길 외에 무엇이 있겠어요? 망하지 않고 보존되는 것은 단지 요행일 뿐입니다.

사람을 죽이는 정치

잘못된 정치는 어떤 폐단을 가져오는지 살펴보겠습니다.

양혜왕이 말했다. "과인은 차분하게 선생의 가르침을 받고 싶습니다." 맹자가 대답했다. "사람을 죽이는 데 몽둥이로 때려죽이는 것과 칼로 찔러 죽이는 것이 차이가 있습니까?" 왕이 말했다. "그야 다를 리가 없지요." 맹자가 말했다. "칼로 사람을 죽이는 것과 잘못된 정치로 죽이는 것이 다를 바 있을까요?" 왕이 말했다. "다를 리가 없겠네요." 그제야 맹자가 말했다. "지금 왕의 주방에는 살진 고기가 그득하고 마구간에는 살찐 말이 있는 반면, 백성은 굶주린 얼굴빛이 역력하고 들판에는 굶어죽은 시체가 즐비하니, 이것은 짐승 떼를 몰고 가서 사람을 잡아먹게 하는 것과 같습니다. 사람이라면 짐승이 저들끼리 잡아먹는 것만 보아도 끔찍해하는데, 백성의 부모라는 왕이 정치를 한다면서 짐승 떼를 몰아다가 사람을 잡아먹게 한다면 백성의 부모 될 자격이 어디에 있습니까?"[8] 「양혜왕 상 4」

맹자는 "몽둥이로 사람을 때려죽이는 것과 칼로 찔러 죽이는 것에 무슨 차이가 있겠는가?"라고 양혜왕이 옴짝달싹 못할 질문을 던집니다. 그런 뒤에 "그렇다면 칼로 사람을 찔러 죽이는 것과 가혹한 정치로 사람을 죽이는 것에 무슨 차이가 있겠느냐?"라고 한걸음 더 나아가 묻습니다. 양혜왕을 압박해 들어가죠. 양혜왕의 대답은 '같다'일 수밖에 없어요. 그러고 나서 맹자는 자신이 하고 싶은 주장을 폅니다. 부모라고 다 부모가 아니지요. 부모 노릇을 해야 부모죠. 이런 와중에 전쟁 타령이나 하고 있으니 한심할 뿐이라는 겁니다.

"그런데 풍년에 곡식이 넘쳐나서 개와 돼지가 사람이 먹을 곡식을 먹는데도 이를 단속하고 거두어 저장할 줄을 모르고, 흉년에 곡식이 부족해서 길거리에 굶어죽은 시체가 나뒹굴고 있는데도 진휼賑恤 창고의 곡식을 풀어서 나누어줄 생각을 않다가 백성이 굶주려 죽게 되면, '이렇게 된 것은 내 잘못이 아니야. 어쩔 수 없는 흉년이든 때문이지.'라고 말한다면, 이는 칼로 사람을 찔러 죽이고서, '이건 내 잘못이 아니야. 칼이 죽인 것이지.'라고 말하는 것과 무슨 차이가 있겠습니까? 왕께서 흉년을 핑계 대지 않고 풍년과 흉년에 대비해 적절하게 조절하는 정책을 쓴다면 천하의 백성들이 왕에게로 모여들 것입니다."9 「양혜왕 상 3」

풍년이 되어 곡식이 넘쳐나는데도 왕의 개와 돼지만 먹이거나, 풍년에 미리 곡식을 저장해 아껴둘 줄 모릅니다. 또한 흉년이 들어 곡식이 부족해서 길거리에 시체가 나뒹구는데도 진휼 창고(흉년을 당한 가난한 농민을 구제하기 위해 나라에서 설치한 곡식 창고)의 곡식을 풀어 백성을 구제할 생각을 하지 않습니다. 그러고는 하는 말이 이렇습니다. "흉년이 어디 내 잘못인가? 하늘의 뜻이지." 이런 말은 "사람을 칼로 찔러 죽이고서, 내가 찔러 죽인 게 아니야 칼이 찌른 거지."라고 말하는 것과 마찬가지잖아요. 이런 경우를 두고 말도 안 되는 소리, 즉 어불성설語不成說이라 합니다.

왕도 정치와 패도 정치

춘추 전국 시대의 상황을 짐작할 수 있는 기록을 하나 볼까요? 공자와 맹자의 중간 시기에 살았던 정치가 상앙商鞅이 진秦나라 효공孝公을 만나 제왕의 도에 대해 논할 때의 일입니다. 효공은 때로 하품하고 졸면서 상앙의 말을 듣는 둥 마는 둥 했어요. 왕도 정치를 말하자 효공은 여전히 상앙이 자신의 의도를 미처 간파하지 못했다고 여겼습니다. 이번엔 패도 정치를 말하자 효공은 '그를 훌륭한 인물로 여겼'지만 등용하지는 않았어요. 마침내 상앙이 부국강국의 방책을 말하자 효공은 이야기에 열중한 나머지 자기 무릎이 의자 밖으로 나오는 줄도 모릅니다. 당시 제자백가들과 제후는 대체로 이런 주제로 만났으리라고 짐작할 수 있습니다. 어떻게 하면 자신의 나라를 부강하게 할 수 있을까? 이게 제후들의 고민이었고, 유세가들은 그 고민에 적절한 답을 내놓아야 했어요. 『사기』「상군열전商君列傳」에 나오는 내용입니다.

맹자의 정치사상을 '왕도 정치'라고 합니다. 왕도 정치란 다른 말로 하면 인정仁政, 즉 어진 정치입니다. 통치자가 백성들의 부모라는 마음가짐으로 백성들의 안위를 염려하는 정치를 시행하면, 백성들은 그러한 왕에게 마음으로부터 복종하며 부모를 따르듯이 한다는 것이 맹자를 비롯한 유가의 발상입니다. 왕도 정치가 실행되는 사회는 강제성이 아니라 동정심과 배려로 질서가 유지됩니다. 정치의 근본은 위정자의 '차마 남에게 모질게 하지 못하는 마음'에서 나온다고 보았죠.

법치 시스템을 중시하는 오늘의 시각으로 보면 소박하기 그지없는 발상입니다. 법치 시스템은 그것만 완벽하게 작동하면 최선의 정치는 아니어도 최악의 정치는 막을 수 있다는 신념에 근거해요. 그러나 그 시스템을 운영하는 정치가의 진심이 전제되지 않으면 정치의 기능을 제대로 발휘할 수 없다고 생각합니다. 최근 영국에서 천식을 앓고 있던 아이가 병원 응급실에 실려 왔지만 예약 시간을 불과 4분 넘겼다는 이유로 돌려보내졌다가 죽은 사건이 발생했어요. 시스템대로 잘 굴러간 겁니다. 결과는요? 다섯 살 아이의 죽음으로 끝났습니다. 병원 데스크의 그 직원이 측은지심을 냈다면요? 다른 환자를 설득해서 그 아이가 진료를 받을 수 있게 했겠고, 그 아이는 살았겠죠. 시스템을 맹신하는 게 최선은 아닙니다. 그 시스템을 인간이 운영한다는 사실을 잊으면 안 됩니다.

왕도 정치의 반대편에 있는 것이 '패도 정치'입니다. 패도霸道란 쉽게 말해 무력을 키우는 부국강병의 정치입니다. 맹자가 살았던 시대가 전국 시대임을 감안하면, 맹자의 왕도 정치는 현실성 없는 공상가의 말로 들렸을 겁니다.

인의의 정치냐, 무력의 정치냐

맹자는 패도 정치를 어떤 시각으로 바라보았을까요?

> 맹자가 말했다. "무력을 사용하면서 인을 실천하는 것처럼 꾸미는 것이 패도인데, 패도는 반드시 큰 나라가 있어야 한다. 덕으로 인을 실천하는 것이 왕도인데, 왕도는 큰 나라를 필요로 하지 않는다. 탕湯왕이 70리의 땅으로, 문왕이 100리의 땅으로 왕도를 실천하셨다. 무력으로 남을 복종시키려 한다면 사람들이 진심으로 복종하는 것이 아니라 힘이 부족해서 그러는 것이다. 덕으로 남을 복종시키려 한다면 사람들이 마음속으로 기뻐하며 진실로 복종하게 된다. 70명의 제자들이 공자에게 복종한 것이 그 예다. 『시경』에 '서쪽에서 동쪽에서, 남쪽에서 북쪽에서 복종하지 않는 이가 없었네.'라고 하였는데, 이것을 두고 한 말이다."[10] 「공손추 상 3」

백성들의 궁핍한 현실을 돌보지 않고 부국강병을 위해 국력을 오로지 군사력을 키우는 데 소비하면서도, 겉으로는 그 부국강병이 인의를 실천하는 것처럼 꾸미는 것을 맹자는 '패도 정치'로 규정했습니다. 패도 정치가 가능하려면 반드시 큰 나라가 필요합니다. 큰 나라를 만들기 위해서는 또 전쟁을 일으켜서 다른 나라를 합병해야만 합니다. 반대로 왕도, 즉 인정을 실천하는 정치는 굳이 큰 나라가 필요하지 않아요. 맹자는 임금이 자기 자식을 돌보는 마음으로 백성들을 아낀다면 천하의 백성들이 너나없이 그 임금 밑으로 구름 떼처럼 모여들 거라고 생각했습니다.

> "이제 왕께서 선정을 펴시고 인정을 베푸시어 천하의 벼슬하는 자들로 하여금 모두 왕의 조정에 서고 싶게 만들고, 농부들이 모두 왕의 들에서 경작하고 싶게 만들며, 장사꾼들이 모두 왕의 시장에 물건을 쌓아 두고 장사하고 싶게 만들며, 여행하는 자들이 모두 왕의 나라의 길로 통행하고 싶게 만드신다면, 자기 임금을 미워하는 천하의 백성들이 모두 왕에게 달려와 하소연하려 들 것이니, 그 기세가 이와 같다면 누가 막을 수 있겠습니까?"[11] 「양혜왕 상 7」

다른 이웃 임금들이 영토를 확장하기 위해 백성들의 목숨을 하찮게 여겨 전쟁터로 내모는 때에, 그들을 자식처럼 보호한다면 천하의 어느 백성이 그 임금의 백성이 되기를 바라지 않겠는가 하는 것이 맹자의 주장이었습니다. 맹자는 무력이 아니라 덕에 의한 정치, 즉 덕치德治로 천하를 통일할 수 있다고 확신했어요.

왕도 정치의 내용과 구조

평소에 양혜왕은 자신이 흉년에 백성을 구제하기 위해 노력을 다했지만 이웃 나라 백성이 양나라로 귀순해 오지 않는 까닭이 궁금했어요. 더구나 다른 나라는 아예 그런 구제 노력을 하지 않는단 말이죠. 그래서 재위에 있은 지 34년째 되던 해에 사방에서 현자들을 초청하는데, 그때 온 맹자에게 이런 질문을 해요.

양혜왕이 말했다. "과인은 나랏일이라면 마음을 다할 뿐입니다. 하내河內 지방에 흉년이 들면 하내 백성을 하동河東으로 옮기고, 떠날 수 없는 노약자들을 위해 하동 지방의 곡식을 하내로 보내 줍니다. 하동 지방에 흉년이 든 경우에도 동일한 방법을 씁니다. 이웃 나라의 정치를 살펴보아도 과인만큼 나랏일에 마음을 쓰는 이가 없습니다. 그런데도 이웃 나라의 백성이 더 줄어들지 않고, 과인의 백성이 더 늘어나지 않는 것은 무슨 이유입니까?" 맹자가 대답했다. "왕이 전쟁을 좋아하시니 전쟁을 가지고 비유하여 말씀 드리겠습니다. 둥둥둥 북이 울리면 병사들이 진격하는데, 병기의 날이 부딪히며 싸우다가 싸움이 불리해지거든 갑옷을 벗어던지고 병기를 질질 끌면서 도망을 갑니다. 어떤 놈은 백 보를 도망간 뒤에 멈추고, 어떤 놈은 오십 보를 도망간 뒤에 멈추었다고 합시다. 이 경우 오십 보를 도망간 놈이 백 보를 도망간 놈을 비겁하다고 비웃는다면, 어떻게 생각하시겠습니까?" 왕이 대답했다. "안 될 말이오. 오십 보를 도망간 놈도 백 보를 도망치지 못해서 오십 보에 그쳤을 뿐이지 도망간 것은 마찬가지지요." 맹자가 말했다. "왕께서 이 이치를 아신다면, 왕의 백성이 이웃나라 백성보다 많아지기를 바라지 마십시오."[12] 「양혜왕 상 3」

'오십보백보'라는 유명한 말이 있죠. '좀 낫고 못한 차이는 있지만 서로 엇비슷함'을 이를 때 쓰는 말인데, 그 말이 여기서 나왔어요.

『맹자』라는 책은 맹자와 그의 제자들이 편집했다고 알고 있는데, 그렇다면 편집 과정에서 말을 빼고 보태어 매끄럽게 윤문했을 가능성도 배제할 수 없지요. 그런데 실제 읽어 보면 그렇지가 않은 느낌이에요. 맹자는 마치 기다렸다는 듯이 대답해요. 그래서 맹자를 두고 변론을 잘했다는 당시의 평가는 그저 허투루 한 말이 아닌 듯싶어요. 그 비유가 적절하고 물 흐르듯 합니다.

"왕이 전쟁을 좋아하시니 전쟁을 가지고 비유하겠습니다." 처음부터 상대방의 기를 누르죠. 두 나라가 싸움을 하다가 패잔병 두 명이 갑옷을 벗어던지고 무기를 질질 끌면서 도망을 갑니다. 어떤 놈은 백 걸음을 도망간 뒤에 멈췄고, 어떤 놈은 오십 보를 달음박질한 후에 그쳤어요. 그때 오십 보를 도망간 뒤에 멈춘 패잔병이 백 보를 줄행랑을 친 뒤에 그친 패잔병을 보고 손가락질을 합니다. "에이,

저 겁쟁이!" 맹자는 양혜왕에게 비수를 들이대듯 단도직입으로 묻습니다. "왕께서는 어떻게 생각하십니까?" 왕의 대답은 뻔합니다. "겨 묻은 놈이 검정 나무라는 격이지 뭐요." 맹자가 이제 마지막 펀치를 날립니다. "왕의 말대로 그놈이 그놈이지요. 그렇다면 왕의 백성이 이웃 백성보다 많아지는 것은 바라지도 마시오. 당신이 바로 오십 보 도망친 뒤에 백 보 도망간 놈 손가락질한 바로 그놈이나 마찬가지니까." 양혜왕이 맹자의 이 비유를 속 깊이 이해했을지 의문입니다.

어진 마음이 어진 정치로

맹자는 불인인지심不忍人之心, 즉 남에게 함부로 하지 못하는 마음이 불인인지정不忍人之政, 즉 백성에게 함부로 하지 않는 정치로 확대되기를 바랐습니다. 특히, 임금의 착한 마음이 착한 정치로 이어진다고 보았죠.

"오늘날의 임금 가운데 어진 마음을 갖고 있고 어질다는 평판이 난 사람이 있는데도 백성들이 그 혜택을 입지 못하여 후세에 본보기가 되지 못하는 것은, 선왕先王의 도, 즉 인정을 행하지 않기 때문이다. 그래서 옛말에 '선한 마음만 가지고는 정치를 행하기에 부족

하고, 법과 제도만 가지고는 정치가 저절로 행해질 수 없다.'고 한
것이다."13 「이루 상 1」

　어질다는 소문과 평판이 있어도 백성들이 실제로 그 혜택을 입지
못하는 것은, 임금이 고대의 훌륭한 정치를 폈던 왕의 인정을 제대
로 실천하지 못했기 때문이에요. 임금이 선한 마음을 지니고 있다
는 사실만으로는 정치가 잘 돌아가지 않아요. 또 법과 제도만 있고
임금의 선한 마음이 없어도 정치가 잘 시행되지 않습니다. 어진 마
음의 바탕 위에서 어진 정치(왕도 정치)를 실행해야 하는데, 역으로
왕도 정치가 가능한 기반이 또 어진 마음입니다.

　　맹자가 말했다. "사람은 모두 차마 하지 못하는 마음을 갖고 있다.
　　선왕이 차마 하지 못하는 마음을 갖고 있어 이에 차마 하지 못하는
　　정치가 있으니, 차마 하지 못하는 마음으로 차마 하지 못하는 정치
　　를 행한다면 천하를 다스리는 것이 천하를 손바닥 위에 놓고 운용
　　할 수 있는 것과 같을 것이다."14 「공손추 상 6」

　뿌리와 씨앗이 훤칠한 나무로 커가는 것처럼, 어진 마음이 확충
되어 어진 정치로 이어져야 한다는 게 『맹자』의 핵심이기도 합니
다. 그래서 『맹자』는 뿌리와 씨앗, 꽃과 열매의 이야기이기도 하지
요. 뿌리와 씨앗은 사단과 인의예지이고, 꽃과 열매는 왕도 정치의

구현입니다. 『맹자』의 키워드를 두 마디로 말하라면, 바로 어진 마음과 왕도 정치입니다. 맹자가 말하는 왕도 정치를 다른 말로 하면 인정이구요.

> 맹자가 말했다. "이루離婁의 밝은 눈과 공수자公輸子의 정교한 솜씨로도 그림쇠와 곱자를 이용하지 않으면 네모와 원을 그릴 수 없고, 사광師曠의 밝은 귀로도 육률六律을 이용하지 않으면 오음五音을 바로잡을 수 없고, 요순堯舜의 도를 알더라도 인정을 펴지 않으면 천하를 균등하게 다스릴 수 없는 것이다."[15] 「이루 상 1」

눈 밝기로 소문난 이루, 솜씨가 빼어나기로 소문난 공수자도 각기 그림쇠와 곱자, 육률이라는 도구가 없으면 자신의 능력을 제대로 발휘할 수 없습니다. 그렇듯이 제아무리 성군인 요순도 인정을 펼치지 않으면 천하를 잘 다스릴 수가 없다고 말합니다. 인정은 그만큼 중요해요. 맹자는 왕도 정치라는 자신의 정치 이념을 거창하게 말하는 법이 없어요. 간명하고 간결하게 핵심을 찌르죠. 이게 정치에 대한 맹자의 통찰입니다.

왕도의 처음과 완성

왕도 정치의 왕도란 말은 『맹자』에 딱 한 번 나옵니다. 그 나머지는 대개 인정이란 이름으로 표현됩니다. 왕도 정치의 처음은 무엇일까요? 거창한 정치 이념이 아니라 실제 백성들을 먹여 살릴 수 있는 구체적 요목要目으로 이루어져 있습니다. 예나 지금이나 백성들이 원하는 것은 거룩한 정치가 아니라 먹고살 수 있는 환경을 만들어 주는 겁니다.

> "백성이 농사철을 놓치지 않게 한다면 곡식이 이루 다 먹을 수 없을 만큼 넉넉해지고, 웅덩이나 연못에 촘촘한 그물을 던져서 고기를 잡지 못하게 한다면 물고기가 이루 다 먹을 수 없을 만큼 많아질 것입니다. 또한 도끼로 숲의 나무를 벌목할 때에도 적절한 때를 지킨다면 재목이 이루 다 쓸 수 없을 정도로 넉넉할 것입니다. 곡식과 물고기가 이루 다 먹을 수 없을 만큼 넉넉하고, 재목이 이루 다 쓸 수 없을 정도로 많다면, 백성이 살아 있는 사람을 봉양하고 죽은 사람을 장사 지내는 데에 아무런 걱정이 없게 될 것입니다. 살아 있는 사람을 봉양하고 죽은 사람을 장사 지내는 데에 아무런 유감이 없게 하는 것이 왕도 정치의 시작입니다."16 「양혜왕 상 3」

기원전 300년 전이니 지금처럼 회사나 공장이 있는 것도 아니고 백성들은 거의 전부가 농민이었습니다. 그런데 하도 뻔질나게 전쟁이 일어나니 제때에 농사를 지을 수가 없어요. 농민들의 소원은 '제발, 입에 풀칠이라도 하게 이번에는 전쟁이 나지 않았으면' 하는 것일 테죠.

백성들이 농사철을 놓치지만 않으면 충분히 자기 식솔들을 먹일 겁니다. 그런데 이것 가지고는 부족해요. 웅덩이나 연못에 그물을 던져 물고기를 잡을 때, 촘촘한 그물을 던지지 못하게 하여 물고기의 씨가 마르지 않게 적절하게 제어해야 합니다. 그뿐일까요? 땔감이 부족하다고 아직 크지도 않은 나무까지 죄다 베어 버리면 또 어찌될까요? 적절하게 통제해야죠. 이렇게 되면 곡식과 물고기와 재목이 충분해서 식솔들을 먹여 살리기에 충분하고 또 죽은 사람의 장례를 치르는 데 걱정이 없을 터입니다. 왕도 정치란 거창한 게 아니라 이런 일을 행할 수 있는 토대를 만들어 주는 거예요. 이게 왕도의 첫걸음입니다.

그다음엔 지속 가능하게 먹고살 직업을 마련해 주어야 합니다. 백성들의 생계를 보장해 주는 게 왕도 정치의 완성입니다. 요즘에도 많이 하는 말이 '일자리 창출' 아닙니까?

맹자의 왕도 정치의 제도적 매뉴얼은 크게 두 가지예요. 하나는 정전제井田制를 통한 백성들의 생업 보장이고, 다른 하나는 백성의 교육 진흥입니다.

"사방 1리가 1정이 되고 1정은 900묘이다. 그 가운데가 공전公田이 되고 8가구는 모두 사전私田이 100묘다. 함께 공전을 경작한다. 공전의 일이 끝난 뒤에 감히 사전의 일을 다스리도록 하니, 이는 (위 정자와) 야인을 구별하기 위한 방법이다."[17] 「**등문공 상 3**」

"5묘 면적의 집 둘레에 뽕나무를 심으면 50세 된 노인이 비단옷을 입을 수 있고, 닭과 돼지와 개 등의 가축을 기르는 데 번식의 때를 놓치지 않게 한다면 70세 된 노인이 고기를 먹을 수 있습니다. 100묘 넓이의 밭을 농사짓는 데 부역에 끌려 나가지 않고 농사에 전념할 수 있게 한다면, 한 가족이 굶는 일이 없을 것입니다."[18] 「**양혜왕 상 3**」

첫째, 정전제입니다. 백성들이란 먹고사는 문제가 해결되지 않으면 순박한 마음을 가지기 어렵습니다. 그러므로 왕도 정치는 백성들의 생업을 마련해 주고 동시에 국가의 재정을 확보하는 방법으로 정전제라는 토지 및 조세 제도를 하부 구조로 합니다.

참고로 정전제를 알아볼까요? 정전井田은 우물 정井 자 모양으로 구획한 논을 말합니다. 그렇게 하면 총 9등분이 되지요. 각 등분은 100묘입니다. 가운데를 공전公田이라 하고 그 나머지 8구획을 사전私田이라고 합니다. 공전은 글자 그대로 국가의 논이고, 사전은 국가로부터 부여받은 개인의 논이죠. 사전은 각기 1가구가 경작하고, 공전은 8가구가 힘을 모아 경작해서 그 생산량을 세금으로 냅니다.

이게 맹자가 구상한 백성들의 생계를 유지하게 하는 방법입니다. 생계 문제를 해결한 다음에야 백성들을 교육시켜 인간답게 되는 길로 이끌 수 있어요. 그러므로 왕도 정치의 두 번째 단계는 학교를 세워 백성들에게 인륜을 교육하는 겁니다.

> "상서(庠序: 상과 서는 모두 학교의 명칭)의 교육을 엄격하게 시행해서 효도와 공경의 의미를 철저히 가르친다면 머리가 희끗희끗한 노인이 무거운 짐을 지거나 이고 길거리를 다니지 않을 것입니다. 칠십 먹은 노인이 비단옷을 입고 고기를 먹으며 일반 백성이 굶주리거나 헐벗지 않게 하고서도 천하의 왕이 되지 못할 사람은 절대로 없을 것입니다."19 「양혜왕 상 3」

맹자는 이러한 인륜으로 사회질서가 유지된다고 보았어요. 그리고 그 인륜의 가능성은 인간의 선한 바탕이 전제되어야 한다는 게 맹자의 생각입니다.

항산이 없으면 항심이 없다

맹자의 왕도 정치를 말하면서 꼭 빠뜨릴 수 없는 게 바로 항산恒産과 항심恒心입니다. 한 나라의 정치라는 게 뭘까요? 한 마디로 말해서 백성들을 먹여 살리는 일입니다. 이 일을 감당할 수 없다면 나라의 정치를 맡아서는 안 됩니다. 그건 죄악이고 맹자의 말대로 윗자리에서 백성들에게 악을 퍼뜨리는 것과 다름없어요.

자신의 호의호식만을 일삼은 무리가 없었던 것은 아니지만 국정을 담당한 사람들에게는 어느 정도의 책임감과 선의가 분명히 있겠지요.

왕이 말했다. "내가 어리석어 인정을 행할 방법을 알지 못하니, 선생께서는 나의 뜻을 도와 자세히 가르쳐 주소서. 내 비록 못나기는 했지만 한번 실천해 보도록 하겠습니다." 맹자가 말했다. "항산(恒産: 일정한 생업)이 없으면서 항심(恒心: 변치 않는 도덕심)이 있는 경우는 오직 선비만이 가능하고, 일반 백성의 경우에는 항산이 없으면 멋대로 행동하고 못되게 굴고 분수에 넘치는 짓을 저지르지 않을 수가 없습니다. 그렇게 해서 백성들이 죄에 빠지기를 기다렸다는 듯이 죄목에 따라 형벌을 가한다면, 이는 법이란 그물로 백성들을 그물질하는 격이니 어찌 어진 사람이 임금 자리에 있으면서 백성을 그물질해서 잡는 짓을 할 수 있단 말입니까. 이런 까닭에 현명한 임금은 백성의 생업을 제정해 주되, 반드시 위로는 부모를 섬기기에 충분하게 하고 아래로 처자를 먹여 살릴 만하게 하여, 풍년에는 일년 내내 배부르고 흉년이라도 죽음을 면할 수 있게 해 줍니다. 그렇게 한 뒤에 백성들을 가르쳐서 선善으로 나아가게 하므로 백성들이 따르기가 쉽게 됩니다."[20] 「양혜왕 상 7」

양혜왕이 맹자에게 왕도 정치를 행할 방법을 알려 달라고 합니다. 맹자가 대답합니다. "항산이 없으면 항심이 없습니다!" 항산이란 일정한 생업, 즉 직업을 말하죠. 항심은 떳떳한 마음, 변함없는 마음입니다. 일정한 생업을 바탕으로 먹고살 직업을 갖지 못한다면, 백성들은 인의예지를 실천할 양심을 유지하지 못합니다. 그러면 어떻게 될까요? 할 짓, 못할 짓 가리지 않고 하게 되죠. 패륜도 서슴지 않습니다. 생업이 없어 먹고살기 위해 저지른 나쁜 짓을, 마치 기다렸다는 듯이 엄격한 법으로 처리하여 백성을 처벌하는 것은 마치 그물로 물고기를 잡듯이 백성들을 그물질하여 잡아 가두는 것이나 마찬가지입니다.

직업을 제정해 주는 까닭은 무엇일까요? 백성들이 부모를 잘 섬기고 처자를 먹여 살리고 풍년에 배부르고 흉년에 죽음이라도 모면하게 해 주는 것, 그것이 바로 정치의 목표예요. 왕도 정치입니다. 우리 속담에 '곳간에서 인심난다'라는 게 있지요. 백성들이 먹고살 일거리를 제공해 주지 않고서 어찌 정치가 제대로 굴러가겠어요? 아니, 정치의 궁극적 목적은 백성들의 먹거리를 해결해 주는 것이 아니겠습니까? 그 구체적 방법은 앞서 나온 정전제입니다.

최근에 우리 사회에서 논의되고 있는 '기본소득'도 큰 취지에서 이와 무관치는 않다고 봅니다. 기본소득은 국가가 국민들에게 최소한의 인간다운 삶을 누리도록 조건 없이 지급하는 소득을 말하죠.

『논어』「자로」에는 이와 유사한 공자의 정치관이 보입니다. 공자가 위나라로 갈 적에 염유冉有가 모시고 갔어요.

염유가 물었다. "백성이 많아지고 나면 무얼 보태야 합니까?" 공자가 대답했다. "백성들을 잘 먹고 잘살게 해야 한다." "백성이 잘 먹고 잘살게 하고 나면 무얼 보태야 합니까?" "가르쳐야 한다."

나라가 이루어지려면 우선은 백성이 임금의 선정善政을 믿고 몰려들어야 하겠죠. 이 점은 염유도 짐작했을 거예요. 그런데 그다음 공자의 말이 걸작입니다. 부국강병이니 하는 말을 늘어놓지 않고 바로 '식食'을 말합니다. 백성을 잘 먹고 잘살게 해 주어야 한답니다. 그다음에 가서야 비로소 교육을 말하고 있어요. 공자가 그토록 강조했던 예교禮敎보다도 백성들에게 중요한 것은 그들이 먹고살 수 있는 바탕을 마련하는 일이라고 말이에요.

맹자가 강조한 것도 공자의 생각과 일맥상통합니다. 차이점이 있다면 공자의 사상을 보다 구체적인 제도로 표현한 점입니다. 임금의 가장 중요한 임무는 백성들이 먹고살 터전, 즉 항산을 마련해주는 것이요, 그것을 나라가 존재하는 근본 이유로 보았습니다. 그러므로 백성들은 민생을 책임지려 하지 않거나 그런 책임을 감당할 능력이 없는 임금과 나라는 임금도, 나라도 아니라고 생각합니다.

『사기』「역이기전酈食其傳」에는 이런 말이 나와요. "임금은 백성을 근본으로 삼고, 백성은 먹을 것을 근본으로 삼는다.〔君以民爲天 民以食爲天〕" 임금은 자신이 아니라 백성을 근본에 두고 정치를 해야 합니다. 백성은 보기와 다르게 만만하지 않아요. 왜냐하면 백성은 임금을 근본으로 삼지 않고 먹을 것을 근본으로 삼기 때문이에요. 그래서 자신의 임금이 풍족하게 먹여 주지 않으면 그 임금을 자신의 임금으로 인정할 하등의 이유가 없는 겁니다. '가난은 임금님도 구제하지 못한다'라는 말이 있지만, 이 말은 최소한 20세기 이전에는 아무런 힘이 없었어요. 전근대 사회의 임금은 백성들의 삶에 대해 무한 책임을 져야 했습니다.

백성과 함께 즐기라

왕도 정치의 기반은 위정자의 선한 마음입니다. 임금이 백성과 즐거움을 나누는 것을 '여민동락與民同樂'이라 하는데, 이 말의 출전도 『맹자』입니다. 조선 시대에 임금이 나들이 할 때나 궁중 잔치 때에 연주하던 아악곡雅樂曲을 여민락이라 했지요. 그 음악 속에는 맹자의 정신이 녹아 있었습니다. 임금을 비롯한 위정자는 백성이 원하는 바가 무엇인지를 생각하며 정치를 펴야 한다는 뜻이지요.

　맹자가 양혜왕을 만났는데, 마침 왕이 연못가에 서서 기러기와 사슴들을 둘러보고 있었습니다. 양혜왕이 맹자에게 물어요. "어진 사람도 이런 것들을 즐기나요?" 이 말 속에는 "당신처럼 어질다고 하는 사람도 이런 것들을 즐깁니까?" 하는 약간의 비아냥이 있어요. 이럴 때 맹자의 변론술이 돋보이는데, 만일 "어진 사람이 어찌하여 이런 것들을 즐기겠습니까?"라고 했다면 그들의 대화는 곧장 끝나고 말았겠지요. 맹자는 한술 더 떠서 어진 사람이어야만 이런 것들을 즐길 수 있다고 말해요. 양혜왕의 의도가 빗나갔어요. 오히려 맹자의 변론에 낚인 겁니다.

> "『시경』에 '영대靈臺를 짓누나/터를 잡고 시작하니/백성들이 모여들어/빨리도 이루었네/서둘지 말라 해도/백성이 아들처럼 오누나/왕이 영유靈囿에 있어/사슴들이 편히 엎디었네/사슴이 살지고 윤택하며/흰 기러기 깨끗도 하구나.'라는 구절이 있습니다. 문왕이 백성의 힘으로 대臺를 쌓고 못을 팠으나, 백성은 기뻐하고 즐거워하며 그 대를 영대라 부르고 그 못을 영소靈沼라고 부르며 그 안에서 사슴과 물고기가 뛰어노는 것을 즐거워했습니다. 옛날의 현자들은 이처럼 백성과 즐거움을 나누었기에 즐거움을 누릴 수 있었던 것입니다."[21] 「양혜왕 상 2」

문왕이 백성의 노동으로 대(흙이나 돌 따위로 높이 쌓아 올려 사방을 바라볼 수 있게 만든 곳)를 만들고 못을 팠는데, 백성들이 기뻐하고 즐거워하며 그 대를 영대라고 부르고 그 못을 영소라고 이름 지었다고 합니다. 그리고 그 안에서 사슴과 물고기가 뛰어노는 것을 즐거워했다고 해요. '여민해락與民偕樂', 즉 임금이 백성들과 그 즐거움을 함께했기 때문에 임금이 그 즐거움을 온전히 누릴 수 있었던 거지요. 오늘날로 말하면, 큰 동물원을 만들어 놓고 임금도 백성도 모두 그 동물원을 구경하게 해서 그 즐거움을 함께했다는 겁니다.

"『탕서』에는 '이놈의 해는 언제 없어지려나. 내 너와 함께 망하련다.'라는 구절이 있습니다. 만일 백성이 임금과 함께 망하고자 한다면, 비록 누대와 연못이 있고, 거기에 새와 짐승이 있다고 한들 어떻게 혼자서 온전히 즐길 수 있겠습니까?"[22] 「양혜왕 상 2」

문왕의 반대편에 전설적인 폭군인 걸桀임금이 있어요. 평소에 걸임금이 "내가 천하를 소유한 것이 마치 하늘이 해를 소유한 것과 같다."고 하면서 자신을 하늘의 해에 비유했죠. 프랑스의 태양왕 루이 14세가 "짐은 국가다."라고 했잖아요. 이와 비슷한 겁니다. 백성들은 그의 말을 끌어와 이렇게 말합니다. "저 하늘의 해는 언제 없어지려나. 내 너와 함께 망하련다." 물론 백성들이 말하는 해는 걸임금을 가리키죠. 그 이유는 딴 게 아닙니다. 걸임금이 동락同樂하지 않고 독락獨樂하려 했기 때문이에요.

제나라 선왕과 나눈 대화에서도 비슷한 이야기가 나옵니다. 제나라 신하인 장포가 맹자를 만나 이런 말을 전합니다. "예전에 제나라 선왕을 뵌 적이 있는데, 선왕이 '나는 음악을 좋아한다.'라고 했는데, 자신이 아무런 대꾸를 못 하고 물러 나왔다."라고 합니다. 임금이 정치에 힘을 쏟지 않고 음악에 빠져서는 안 될 듯한데 마땅히 대답이 떠오르지 않았던 거예요.

며칠 후에 만난 맹자가 제나라 선왕을 만나 장포의 이야기를 꺼냅니다. 제나라 선왕의 얼굴빛에 당혹감이 비칩니다. 그러면서 "과인이 좋아하는 음악은 요순의 음악이 아니라, 그저 세속에서 유행하는 음악입니다." 요즘말로 하면 "제는 클래식 음악보다 대중가요를 좋아해요."라고 말했다는 겁니다. 이제 맹자 특유의 반어법이 시작됩니다. "왕께서 음악을 진정 좋아하신다면 아마도 제나라는 잘 다스려질 것입니다. 그리고 세속의 음악이나 옛 선왕의 음악이나 음악이긴 마찬가지입니다." 한껏 고무된 제나라 선왕은 그 이유를 묻고, 그제야 맹자는 자신의 속마음을 말합니다. 일단 상대방의 경계심을 무장해제한 뒤에야 맹자는 자신이 원하는 말을 본격적으로 시작합니다.

맹자가 말했다. "혼자 음악을 즐기는 것과 다른 사람들과 함께 음악을 즐기는 것 가운데 어느 것이 더 즐겁겠습니까?" 왕이 말했다. "다른 사람들과 함께 즐기는 것이 더 낫습니다." 맹자가 말했다. "몇몇 소수의 사람들과 음악을 즐기는 것과 많은 사람과 함께 음악을 즐기는 것 가운데 어느 것이 더 즐겁겠습니까?" 왕이 대답했다. "많은 사람과 함께 즐기는 것이 더 낫습니다." 맹자가 말했다. "저는 왕을 위하여 음악에 대해 말씀드리겠습니다. 지금 만일 왕께서 여기서 음악을 연주하시는데, 백성들이 왕의 종과 북이 울리는 소리와 생황과 피리 소리를 듣고는 모두 머리를 아파하고 얼굴을 찌푸리며 서로 수군거리기를 '우리 왕께서는 음악을 정말 좋아하시는구나. 그런데 어찌하여 우리로 하여금 이런 곤궁한 지경에 이르게 하여, 아버지와 자식이 서로 만나지 못하고 형제와 처자가 뿔뿔이 흩어지게 한단 말인가?' 하고, 또 지금 만일 왕이 여기서 사냥을 하시는데, 백성이 왕의 수레와 말의 소리를 듣고 새깃으로 만든 아름다운 깃발을 보고는 모두 머리 아파하고 이마를 찌푸리며 서로 수군거리기를 '우리 왕께서는 사냥을 정말 좋아하시는구나. 그런데 어찌하여 우리를 이런 곤궁한 지경에 이르게 하여, 아버지와 자식이 서로 만나지 못하고 형제와 처자가 뿔뿔이 흩어지게 한단 말인가?' 한다면, 이것은 다른 이유 때문이 아니라, 왕께서 백성과 함께 즐기지 않기 때문입니다."[23] 「양혜왕 하 1」

앞서도 살핀 적이 있습니다만, 맹자의 논법에는 일정한 형식이 있어요. 먼저 '예스'라고 대답할 수밖에 없는 질문을 던집니다. 이를테면 '홀로 음악을 즐기는 것과 남과 더불어 음악을 즐기는 것 중에 어느 것이 즐거울까요?'라고 하면, 당연히 '남과 함께 음악을 즐기는 것이 홀로 즐기는 것보다 더 즐겁다'고 답하겠죠. 그렇다면 '소수의 사람과 음악을 즐기는 것이 여러 사람과 더불어 즐기는 것 중에 어느 것이 더 즐거울까요?'라는 질문에는요? 당연히 그 대답은 '많은 사람과 더불어 즐기는 것이 더 즐겁다'이겠죠. 개인이 아니라 왕이니까 그 정도의 생각은 했을 거예요.

여기서 든 음악과 사냥은 임금 놀이의 대표적인 예라고 할 수 있을 겁니다. 희로애락을 백성과 함께 하면, 백성은 임금이 음악을 좋아하든 사냥을 좋아하든 탓하지 않을 겁니다. 임금에게 여민동락與民同樂의 마음이 있다면 당연히 정치를 잘할 테니 부자가 서로 만나지 못하고 형제와 처자가 떠도는 일은 일어나지 않겠죠. 반면에 여민동락의 마음이 없어서 백성이 어떤 고통을 겪든지 간에 저 혼자만 잘 논다면, 백성들은 당연히 임금이 음악과 사냥을 즐기는 것을 원망하게 되겠지요.

동산이 되느냐, 함정이 되느냐

이와 관련하여 제나라 선왕과 나눈 대화가 하나 더 있어요. 제나라 선왕이 맹자에게 문왕에게는 사방 70리나 되는 동산이 있었다는데 사실이냐고 묻습니다. 맹자가 옛 기록에 있다고 답합니다. 그러자 자신에게는 사방 40리 되는 동산이 있는데도 백성들이 나의 동산이 크다고 불평불만을 늘어놓는 것은 어째서냐고 물어요. 그러자 맹자는 대답합니다.

맹자가 말했다. "문왕의 동산이 사방 70리인데, 꼴을 베는 사람이나 땔나무를 하는 사람들도 드나들며, 꿩과 토끼를 잡는 사람들도 드나드는 등 백성과 함께 동산을 사용하셨으니, 백성들이 그 동산을 작다고 여기는 것도 당연하지 않습니까? 제가 처음 제나라의 국경에 이르렀을 때 제나라의 엄중한 국법이 무엇인지 물어본 뒤에 들어왔습니다. 신이 그때 들으니, 교외와 국경의 관문 사이에 있는 동산이 사방 40리인데, 그곳의 사슴을 죽일 경우, 사람을 죽인 죄와 동일하게 처벌한다 하였습니다. 정말 그렇다면, 이는 사방 40리 되는 함정을 나라 안에 파놓은 셈이니 백성들이 그 동산을 크다고 여기는 것도 당연하지 않겠습니까?"[24] 「양혜왕 하 2」

문왕의 동산이 70리나 되지만 꼴을 베는 사람과 땔나무를 구하는 사람들도 그 동산에서 그것을 구하고 꿩과 토끼를 잡는 사람도 그곳을 드나들어요. 바로 여민동락하는 거죠. 맹자가 양혜왕에게 묻습니다. 그러나 당신은 어떤가, 그곳의 사슴을 사냥하는 경우에 사람을 죽인 죄와 동일하게 죽이지 않느냐, 그렇다면 이건 백성과 함께 누릴 동산을 만든 것이 아니라 40리 되는 함정을 파놓고 백성들이 그 함정에 빠지기만을 기다리는 처사가 아닌가, 그러니 백성들이 그 동산을 함정으로 여겨 크다고 하는 것이 당연하지 않느냐, 하고요.

똑같은 동산이지만 하나는 백성과 즐거움을 함께 누리는 동산이 되고, 다른 하나는 백성이 그곳에 빠지기만을 기다리는 함정이 됩니다. 이는 동락과 독락의 차이에서 비롯된 것이에요.

근심은 먼저, 즐거움은 나중에

맹자의 '여민동락'의 사상은 글자 그대로 보면 백성과 똑같이 즐거움을 누려야 한다는 뜻이라기보다는 임금이 먼저 솔선해야 한다는 뜻이에요. 그러니 천하 사람들에게 근심거리가 있을 경우에 임금이 그들보다 먼저 근심하고, 천하 사람들에게 즐거움이 있을 경우에는 임금이 그들보다 나중에 즐거워하겠다는 마음가짐으로 정치에 임해야 한다는 것입니다. 북송北宋의 정치가 범중엄范仲淹의 「등악양루기登岳陽樓記」는 바로 이 점을 잘 표현하고 있어요.

이 누각에 오르면 마음이 넓어지고 정신이 편안해져서, 영광스런 일과 욕된 일을 모두 잊고 술잔을 들고서 바람을 쐬게 될 것이니 그 기쁨은 크고 또 클 것이다. 아아! 나는 일찍부터 옛 어진 사람들의 마음을 살펴보았는데, 아마도 앞서 든 두 가지 예와는 다른 듯하니 무엇 때문일까? 그들은 외부의 사물을 보고 기뻐하지 않으며, 또한 자신의 개인적인 일로 슬퍼하지 않기 때문이다. 조정의 높은 직위에 있으면 백성들을 걱정하고, 물러나서 멀리 강호에 거처하게 되면 임금을 걱정했다. 그러니 조정에 나아가서도 걱정, 물러나서도 걱정이었으니 어느 때에 즐거울 수 있었겠는가? 틀림없이 하는 말들은 "천하의 근심은 누구보다도 먼저 근심하고, 천하의 즐거움은 모든 사람이 즐거워한 뒤에 즐긴다."라는 것일 테다. 아아! 그와 같은 어진 이들이 없었다면 나는 누구를 본받고 의지하며 살아갈 것인가!

천하의 누구보다 근심거리는 먼저 근심하고, 천하의 누구보다 즐거움은 나중에 즐거워하는 것, 그것이 바로 위정자의 태도여야 한다는 뜻입니다.

백성이 나라의 근본이다

왕도 정치는 백성을 정치의 근본으로 생각하는 정치입니다. 즉 '민본주의民本主義'를 표방하지요. 이 말은 원래 『서경』의 '민유방본民惟邦本', 즉 '백성이 오직 나라의 근본'이라고 한 데서 나왔어요.

민본주의는 현대의 민주주의와 다릅니다. 민주주의는 국가의 주권이 일반 민중에게 있다는 정치 이념이지요. 그러나 왕도 정치 내에서의 백성은 주권자가 아니라 임금의 보호 대상일 뿐이었어요. 그래도 백성들은 현실적으로는 나라를 유지하는 부와 힘의 원천일 수밖에 없는 중요한 존재였죠.

맹자는 하늘〔天〕이라는 권위를 가진 존재를 끌어와, 하늘의 뜻은 백성을 통해 표현된다고 주장합니다. 유가에서는 중원을 다스리는 왕을 '천자天子'라 부르는데, 하늘의 아들이란 뜻이에요. 그렇다면 천자는 누가 결정하는가? 맹자는 하늘과 백성이 결정한다고 했습니다. 현실적으로는 기존의 천자가 왕위를 다음 왕에게 물려주는 방식이겠지만, 맹자는 기존의 천자는 다음 천자를 하늘과 백성에게 추천할 뿐이고 하늘과 백성이 추천된 천자를 승인하거나 거부한다고 보았습니다. 맹자는 천자는 스스로 부귀한 지위를 누릴 수 없고, 백성의 인정을 받아야 천자의 지위를 누릴 수 있다고 했습니다. 백성은 하늘의 뜻을 대리하는 권위 있는 존재라는 겁니다.

> 맹자가 말했다. "(······) 『서경』「태서」편에 '하늘은 우리 백성이 보는 것을 통해서 보고, 하늘은 우리 백성이 듣는 것을 통해서 듣는다.' 하였는데, 이를 두고 말한 것이다."[25] 「만장 상 5」

우리 속담에 '민심이 천심'이라고 했지요. 그런데 하늘은 어떻게 백성들의 마음을 알까요? 백성들의 눈과 귀를 통해 안다는 것입니다. 따라서 백성들의 이목耳目, 즉 여론을 통해서 우리는 천심을 헤아릴 수 있어요.

맹자는 백성의 민생에는 아랑곳하지 않고 영토를 확장하고 자신의 세력 강화에만 골몰하는 제후를 향해 백성의 안녕이 정치의 1차 목표이고 그것이 바로 하늘의 뜻이라고 주장합니다. 즉 덕에 의한 왕도 정치는 백성들이 원하는 정치이고 이것이 바로 하늘이 원하는 정치라는 것이죠.

백성이 가장 귀하다

하늘과 백성의 뜻을 거스르는 자는 천자의 자리에 오를 수 없고, 올랐다 해도 실정을 하면 내려와야 합니다. 일정한 덕을 갖춘 자가 천자가 되어야 한다는 왕도 정치는 결과적으로 혁명을 인정하는 논리 구조를 갖고 있어요.

맹자가 말했다. "백성이 가장 귀하고, 사직(국가)이 그다음이며, 임금이 가장 가볍다. 이런 까닭에 백성의 마음을 얻으면 천자가 되고, 천자의 마음을 얻으면 제후가 되며, 제후의 마음을 얻으면 대부가 된다. 제후가 사직을 위태롭게 하면 그 제후를 갈아치운다. 희생이 이미 이루어지고 자성이 깨끗이 차려져서 제사를 때맞춰 하는데도 가뭄과 홍수가 생긴다면 사직을 갈아치운다."26 「진심 하 14」

백성이 가장 귀하다! 사직社稷은 종묘宗廟와 덧붙여 '종묘사직'이라고 하지요. 종묘는 역대 임금의 신주를 모신 사당이고, 사직은 토지신과 곡식신에게 제사지내는 제단으로 이 둘은 한 나라를 상징합니다. 그런데 이 둘보다 백성이 귀하고 임금은 이 중 가장 가볍다고 했습니다. 그러므로 백성의 신임을 얻어야 천자가 되고 천자의 마음을 얻으면 제후가 되며 제후의 신임을 얻어야 대부가 된다고 했습니다. 제후가 나라를 위태롭게 하면 그 제후를 갈아치운다는 겁니다.

『순자荀子』「왕제王制」에도 이와 유사한 유명한 말이 나옵니다. "물은 배를 싣기도, 배를 엎기도 한다.〔水則載舟 水則覆舟〕" 여기서 배는 임금, 물은 백성의 비유입니다. 평소에 찰랑찰랑 여유롭게 물 위를 떠가는 배, 그 배를 띄우고 있는 것은 언제든지 그 배를 뒤엎을 수 있는 물입니다. 고요한 물과 같은 백성들을 잠잠하다고 업신여기다가는 언제고 백성들이 격렬한 파도를 일으켜 그 배를 엎어 버리고 말 것입니다.

무도한 왕은 갈아치워야

제선왕이 물었다. "탕왕은 걸왕을 내쫓고 무왕은 주왕을 정벌했다고 하는데, 그런 일이 있습니까?" 맹자가 대답했다. "옛 기록에 있습니다." 제선왕이 말했다. "신하된 자가 자기 임금을 시해하는 것이 과연 옳은 일입니까?" 맹자가 대답했다. "인仁을 해치는 자를 도적놈〔賊〕이라 하고 의義를 해치는 자를 잔인한 놈〔殘〕이라고 합니다. 도적놈과 잔인한 놈을 '평범한 한 사내〔一夫〕'라 하니, 내가 평범한 한 사내 주紂를 죽였다는 말은 들었어도 임금을 시해했다는 말은 듣지 못했습니다."27 「양혜왕 하 8」

제나라 선왕이 맹자에게 묻습니다. 신하였던 탕이 자신의 임금인 하나라의 걸왕을 폐위시키고, 훗날 주나라 왕이 되는 무왕이 신하의 처지에서 자신의 임금인 은나라 주왕을 정벌했다는 사실이 정말인지를요. 그러자 맹자가 대수롭지 않은 듯이 답합니다. "옛 기록에 있던걸요."

그제야 제나라 선왕이 진작 하고 싶던 말을 합니다. "아니, 임금과 신하 사이에는 엄연히 신분의 차이가 있는데, 감히 그 임금을 시해한단 말입니까? 이런 일이 어찌 옳다고 하겠습니까?" 그러자 맹자 특유의 거침없는 발언이 이어집니다. "어진 행동을 하지 않고 나쁜 짓만 골라서 하는 놈은 도적놈이고, 의를 행하지 않고 못돼 처먹은 짓만 골라서 하는 놈은 잔인한 놈입니다. 도적놈이나 잔인한 놈을 흔히들 그저 평범한 한 사내라고 하지요. 나는 잔인하고 극악무도한 평범한 한 사내를 죽였다는 말은 들었어도, 신하가 임금을 시해했다는 말은 듣지 못했습니다. 걸왕과 주왕이 어디 임금 노릇을 했던가요? 죽어도 싸지요."

임금이 임금답지 못하면 몰아내도 좋다? 이 문제는 왕조 국가에서는 대단히 예민한 사안이었어요. 그럼 언제든지 혁명이 가능하지 않을까요? 그래서 명明나라의 주원장朱元璋은 『맹자』의 사상이 자신의 정치권력에 미칠 위험을 짐작했던지 이 '혁명'을 다룬 부분을 모조리 빼고 다시 편집하거나, 심지어는 아예 이 책을 금서로 만들어버렸습니다. 『맹자』는 그에게 위험한 책이었던 겁니다.

우리는 민주주의 사회에 살고 있습니다. 투표로 대통령과 국회의원 등을 뽑아요. 우리가 뽑은 겁니다. 흔히들 우리가 뽑은 지도자이기에 우리가 잘, 혹은 무조건 협조해야 된다고 말합니다. 그게 민주주의 원칙이라는 듯이요. 그러나 아닙니다. 우리가 뽑았다 해도 그들이 그에 걸맞은 능력과 품성을 보여 주지 못한다면 우리는 당연히 그들을 비판할 수 있고 비판해야 합니다. 상황에 따라 탄핵도 가능합니다. 실제 현실로 일어나기도 했지요.

우리 손으로 뽑은 지도자는 우리의 지도자입니다. 그러나 지도자가 무겁게 여겨야 할 점은 선출되었다는 사실만으로 권력의 정당성을 영원히 담보하는 부적을 얻은 게 아니라는 점입니다. 책임에 걸맞은 능력과 실행을 보여 주지 않으면 그 정당성이란 그야말로 사상의 누각일 뿐입니다. 마찬가지로 국민의 입장에서 그를 뽑았으니 무조건 지지해야 한다는 것처럼 바보 같은 소리도 없지요. 지도자가 지도자답지 않고 자꾸 자신의 무능을 국민 탓으로 혹은 다른 집단의 탓으로 돌린다면, 그를 우리의 지도자로 인정할 근거는 없습니다.

복지는 정치의 의무이자 시민의 권리인가요?

김 샘 공식적으로 우리의 『맹자』 수업이 끝났어요. 이제 마지막 토론이에요.

윤후 4부의 제목을 '꽃과 열매'라고 하신 까닭이 있나요? 맹자 사상의 정수精髓란 뜻인가요?

김 샘 어려운 단어를 알고 있군요. 뿌리로부터 줄기와 가지를 거쳐 최종적으로 도달하는 게 꽃과 열매잖아요. 말하자면 나무의 결실이 꽃과 열매인 것처럼 맹자 사상의 핵심은 실제 현실에서 왕도 정치를 실현하는 데 있었어요. 『맹자』를 편집할 때 인정仁政을 다룬 「양혜왕」 편을 맨 앞에 둔 것도 그런 의도라고 봐야 해요. 그리고 맹자의 정체성은 오늘날 기준으로 보면 철학자이기보다는 정치가였어요.

윤서 저희는 민주주의 사회에 살고 있잖아요. '민본주의'는 '민주주의'와 다른 전근대의 산물인데, 우리에게 무슨 의미가 있을까요?

김 샘

좋은 질문이에요. '민본'이란 백성이 근본이란 뜻이에요. 원래는 『서경書經』의 "백성이 나라의 근본이다.[民惟邦本]"에서 나온 말인데, 정치가의 입장에서는 백성을 근본에 두고 정치를 해야 한다는 뜻이겠지요. 지금부터 2300년 전의 사상을 오늘의 민주주의와 비교한다는 것 자체가 말이 안 될 수도 있어요. 그러나 『맹자』의 민본주의는 지금부터 100년 이전인 조선 시대까지만 해도 정치의 기본 원리로 작용했어요. 저는 조선이라는 나라가 거의 500년 가까이 세계사에 유래 없이 장수한 까닭이 여기에 있다고 생각합니다.

윤후

조선 시대를 다룬 사극을 보면 백성들은 늘 굶주리고 정치가들은 권력을 두고 다투고 왕들은 백성들이 안중에 없는 것처럼 그려져요. 혹시 '민본'이란 구호만 내세우고 실제는 백성들을 전혀 돌보지 않았던 것이 아닐까요?

김 샘

충분히 일리 있는 지적이에요. 그런 측면을 결코 무시하지 못하겠죠. 형편없는 왕들도 많았고 자신들의 사리사욕을 채우기에 바빴던 정치가들도 많았을 테니까요. 유교 정치사상의 가장 큰 특징은 나라를 공적公的인 것으로 여긴다는 '공개념'입니다. 왕이라 해도 나라를 자신의 소유로 여겨서는 안 되었지요. 이걸 망각하면 나라는 항상 쇠퇴의 길로 접어들어요.

조선이 망한 이유가 뭐겠어요? 정조正祖 사후 몇몇 권세 있는 가문이 국가를 사유화했기 때문이에요. 역사 시간에 배웠죠? 세도 정치라고요.

윤서

조선이 500년 이상 유지된 것이 민본정치를 잘 구현했기 때문인지 확신이 들지 않아요.

김 샘

그건 제가 쉽게 답할 수 없겠어요. 그러나 앞 시대에 대한 평가가 고정된 것만은 아니란 점만 말해 둘게요. 예를 들어 서양의 중세 시대를 두고도 암흑의 시대였다는 평가가 있는가 하면, 평화롭고 자족적인 시대였다는 평가도 있거든요.

윤후

유학에서는 왜 백성을 자식처럼 여기고, 임금을 어버이처럼 여기라고 하나요?

김 샘

유학의 근본적인 정치이념이 가족주의라서 그래요. 유학의 정치와 철학은 가족주의란 토대 위에서 성립되었어요. 따라서 '백성을 귀중하게 여기라'는 민본도 가족주의를 확충해서 '부모의 입장에서 내 자식처럼 돌봐야 한다'는 발상이었어요.

윤서

선생님, 제가 의심이 많아서 그런데요, 그렇다면 백성의 입장에서는 부모에게 효도를 해야 하는 것처럼 임금에게 복종해야 한다는 논리로 작용하지 않았을까요?

김 샘

예리한데요. 가족주의는 양날의 칼이에요. 백성의 입장에서 임금을 부모로 여기고, 임금의 입장에서 백성을 자식으로 여기는 것은 동전의 양면이에요. 앞서 윤서가 말했던 복종의 논리가 있는가 하면, 그 반대로 자식에 대한 부모의 무한 책임이 있어요.

윤후

임금이 백성에 대해 '자식에 대한 부모의 무한 책임'을 가졌다면 왕 노릇 하기가 쉽지 않았겠어요.

김 샘

왕의 입장에서 보면, '그래, 나는 너희들의 부모다. 나를 잘 모셔야 한다. 부모처럼 효도해야지.' 이런 생각이 가능하겠죠. 그러나 백성의 입장에서 보면, '그래, 네가 부모니까 우리를 잘살게 해 줘야 해. 그렇지 않으면 부모 노릇을 제대로 하지 못하는 거지. 부모도 아니지.' 뭐 이런 생각을 품지 않겠어요. 그렇기에 왕의 입장에서는 백성들의 이런 요구를 무시할 수가 없겠죠. 엄청난 부담으로 작용했을 겁니다.

윤서

선생님, 백성들은 '임금을 하늘로 삼는 것이 아니라, 먹는 것을 하늘로 삼는다'고 했다죠? 임금이 백성의 어버이로 행세하려면 우선 백성들을 잘 먹고 잘살게 하지 않으면 안 되었겠네요.

김 샘

맞아요. 제가 보기에 조선 시대 왕이라고 해 봐야 오늘날 대통령보다 권한이 그리 강하지 않았어요. 신하들이 가만히 있습니까? 목숨 걸고 직언을 하는데요. 자기 마음대로 할 수 있는 일이 별로 없었어요.
『맹자』의 민본주의는 이미 한때 적용되다 역사적 효용이 끝난 시스템이긴 합니다만, 그렇다고 맹자의 사상 중에서 귀담아들을 만한 요소까지 부정할 필요는 없다고 생각해요.

윤후

저는 백성들이 굶주리지 않게 항산을 마련해 주라는 맹자의 메시지가 가장 인상 깊었어요. 오늘날에도 여전히 중요한 문제잖아요.

김 샘

예, 백성들에게 생업을 마련해 주는 문제는 오늘날 시급한 과제인 '일자리 창출'이나 '기본소득제'와도 무관하지 않아요.
정치가들은 시민들에게 '복지'를 제공하는 것이 그들의 의무임을 자각하고, 시민들은 '복지'를 누리는 것이 그들의 '권리'임을 자각해야 해요. 이런 점이 『맹자』가 우리에게 시사해 주는 점일 거예요. 고전이 고전인 이유는 인간의 근본적 상황에 대한 통찰에 있다고 생각해요.

윤후

복지가 권리라는 말씀이군요. 그리고 우리는 당당하게 요구해야 하는 것이고요. 인간다운 삶을 위해서도 꼭 필요할 것 같아요.

이것으로 우리의 『맹자』 여행은 끝났습니다. 진정한 여행은 마친 뒤에 새로이 시작하는 거라고들 합니다. 관광이란 말을 두고 굳이 여행이란 말을 쓴 데는 까닭이 있어요. 여행은 관광과 다릅니다. 관광할 때는 자신이 보고 싶은 것을 미리 계획하고 그 일정대로 움직일 경우가 많죠. 효율성이 강조됩니다. 특히나 낯선 곳에 가면 되도록 '빨리' 그리고 '많이' 보려고 하죠. 그러나 여행은 순전히 '발길 닿는 대로'는 아닐지라도 풍경을 몸으로 음미하는 데 목적이 있지요. 아니, 목적 자체가 없어야 진정한 여행일 겁니다. 나를 어떤 경치 속에 한동안 방치하는 게 아닐까 싶군요. 그래야 나는 그 속으로 밀려 들어가고, 돌연 그 풍경 속에서 이전과는 다른 '나'를 발견하게 되니까요.

저는 청소년들이 자신의 삶을 '관광'으로 파악하기보다는 '여행'으로 여겼으면 합니다. 하루 8시간 이상의 학습 노동이 여러분을 기다리고 있는 상황을 모르지 않고, 그 생활 속에서 효율성을 무시할 수 없다는 걸 잘 알고 있어요.

그러나 그렇기 때문에 역설적으로 청소년기는 '한눈을 팔아야 할 때'입니다. 왜냐하면 삶은 관광이 아니라 여행이기 때문에 그렇습니다. 그리고 관광하는 마음으로 삶을 살아가는 게 굉장히 비효율적이라는 것도 가끔 목격합니다. 열심히 앞뒤를 돌아보지 않고 달립니다. 그런데 정작 자신이 왜 뛰어야 하는지, 어디로 뛰고 있는지를 모를 때가 많아요. 여러분보다 갑절로 더 산 저도 그럴 때가 많아요.

그럴 때는 천천히 쉼 호흡을 하고 걸어야 합니다. 너무 뛰려 하지 말아요. 빨리 지칩니다. 그리고 나보다 앞서 달리는 친구를 부러워하지 말아요. 왜냐하면 삶은 다들 목적지가 달라요. 저 친구가 나보다 앞서 가는 게 아니라 나와 다른 방향으로 뛰고 있을 뿐이에요.

여러분! 퀴즈를 하나 낼게요. 금반지의 본질은 무얼까요? 금반지가 금반지가 되기 위해서 반드시 있어야 할 것은요?

금반지에는 구멍이 있는데, 이 구멍은 금과 마찬가지로 금반지에게 본질적인 것이다. 금이 없다면 구멍은 반지가 아니다. 그러나 구멍이 없다면 금 또한 반지가 아니다.

　금반지 하면 금을 떠올리기 쉽잖아요. 그러나 금으로만 금반지가 되지는 않아요. 금과 함께 빈 구멍이 있어야 금반지예요. 문학평론 가 고妝 김현이 『문학사회학을 위하여』에서 인용한 알렉상드르 코 제브Alexandre Kojève의 말입니다. 우리 삶도 마찬가지 아닐까요? 눈에 보이는 것에 집착하면 소중한 것을 잃고 말아요. 소중한 것은 눈에 보이지 않을 때가 많으니까요. 지금 당장 눈에 보이는 성적표 만 중요한 게 아니라, 여러분이 살아갈 세상에 대한 호기심과 꿈도 이에 못지않게 중요하다고 저는 생각해요. 그리고 이 호기심과 꿈 은 모든 것을 저당 잡힌 채 들어간 '대학'에서 찾아지지도 않습니 다. 열일곱 살, 바로 지금 여러분의 상상과 몽상 속에서 그 꿈은 익 어 갑니다.

　혜자(惠子, 惠施)가 장자에게 말했다. "그대의 말은 다 쓸모가 없 네." 장자가 물었다. "쓸모없음을 알아야 쓸모 있음을 알게 되네. 땅의 크기는 한이 없지만 실제 사람들에게 쓸모 있는 땅의 넓이는 밟는 발 크기에 불과하네. 그렇다고 발자국 크기만 남겨 놓고 발 옆 에 있는 쓸모없는 땅을 황천에 이르도록 깎아 내리면 밟는 땅이 여 전히 쓸모가 있겠는가?"

『장자』에는 기가 막힌 이야기가 나옵니다. 어이가 없는 게 아니라 무릎을 치게 하는 말씀입니다. 우리가 걸어갈 때 필요한 것은 우리 발 크기만큼의 땅일 겁니다. 그러나 그 쓸모에 집착한 나머지 발자국 크기만을 남겨 놓고 모두 발 옆에 있는 땅을 쓸모가 없다고 여겨 없애 버린다면요? 우리는 불안해서 걸을 수가 없어요. 이게 그 유명한 무용지용無用之用, 쓸모없음의 쓸모입니다.

『맹자』를 읽는 게 여러분에겐 무용한 일일지도 모릅니다. 쓸모가 있다 해도 그리 대단한 것은 아닐 겁니다. 그러나 『맹자』를 읽는 일은 당장의 쓸모가 아니라 미래의 쓸모를 위한 거예요. 눈에 보이지 않는 쓸모, 그래서 쓸모없다고 생각하는 그 쓸모 말이지요. 그게 진정한 쓸모입니다.

우리가 살아가는 목적은 행복을 위해서겠죠. 그러나 그 행복은 눈에 보이는 무언가를 소유하는 획득의 과정에 있지 않고, 눈에 보이지는 않지만 소중한 무언가를 느끼고 평범한 일상을 새로이 발견하는 과정에 있다고 저는 생각해요. 행복은 명사가 아니라 동사라고 믿으니까요.

원문

1부

¹爭地以戰 殺人盈野 爭城以戰 殺人盈城
쟁지이전 살인영야 쟁성이전 살인영성

此所謂率土地而食人肉 罪不容於死 「이루 상 14」
차 소위 솔 토지 이 식 인육 죄불용어사

²彼奪其民時 使不得耕耨以養其父母 父母凍餓 兄弟妻子離散 「양혜왕 상 5」
피 탈 기 민시 사부득 경누 이 양 기부모 부모동아 형제처자리산

³故善戰者服上刑 連諸侯者 次之 辟草萊任土地者 次之 「이루 상 14」
고 선전자복 상형 연제후자 차지 벽초래임토지자 차지

⁴禮義 由賢者出 而孟子之後喪踰前喪 君無見焉 「양혜왕 하 16」
예의 유현자출 이맹자지후상유전상 군무견언

⁵曰 或告寡人曰 孟子之後喪踰前喪 是以不往見也
왈 혹고과인왈 맹자지후상유전상 시이불왕견야

曰 何哉君所謂踰者 前以士 後以大夫 前以三鼎 而後以五鼎與
왈 하재군소위유자 전이사 후이대부 전이삼정 이후이오정여

曰 否 謂棺槨衣衾之美也 曰 非所謂踰也 貧富不同也 「양혜왕 하 16」
왈 부 위 관곽 의금지미야 왈 비소위유야 빈부부동야

⁶彭更問曰 後車數十乘 從者數百人 以傳食於諸侯 不以泰乎
팽경문왈 후거수십승 종자수백인 이전식어제후 불이태호

孟子曰 非其道 則一簞食 不可受於人 如其道
맹자왈 비기도 즉일단사 불가수어인 여기도

則舜受堯之天下 不以爲泰 子以爲泰乎 曰 否 士無事而食 不可也 「등문공 하 4」
즉순수요지천하 불이위태 자이위태호 왈 부 사무사이식 불가야

⁷曰 坐 我明語子 昔者 魯繆公無人乎子思之側 則不能安子思
왈 좌 아명어자 석자 노목공무인호자사지측 즉불능안자사

泄柳申詳 無人乎繆公之側 則不能安其身 子爲長者慮 而不及子思
설류신상 무인호목공지측 즉불능안기신 자위장자려 이불급자사

子絶長者乎 長者絶子乎 「공손추 하 11」
자절장자호 장자절자호

⁸曰 管仲以其君霸 晏子以其君顯 管仲晏子 猶不足爲與
왈 관중이기군패 안자이기군현 관중안자 유부족위여

曰 以齊王 由反手也 「공손추 상 1」
왈 이제왕 유반수야

⁹前日虞聞諸夫子曰 君子不怨天 不尤人 曰 彼一時 此一時也
전일우문저부자왈 군자불원천 불우인 왈 피일시 차일시야

五百年 必有王者興 其間必有名世者 由周而來 七百有餘歲矣 以其數則過矣
오백년 필유왕자흥 기간필유명세자 유주이래 칠백유여세의 이기수즉과의

以其時考之則可矣 夫天未欲平治天下也 如欲平治天下 當今之世 舍我其誰也
이기시고지즉가의 부천미욕평치천하야 여욕평치천하 당금지세 사아기수야

吾何爲不豫哉 「공손추 하 13」
오하위불예재

¹⁰孟子曰 無或乎王之不智也 雖有天下易生之物也 一日暴之 十日寒之
맹자왈 무혹호왕지부지야 수유천하이생지물야 일일폭지 십일한지

未有能生者也 吾見亦罕矣 吾退而寒之者至矣 吾如有萌焉 何哉 「고자 상 9」
미유능생자야 오현역한의 오퇴이한지자지의 오여유맹언 하재

¹¹公都子曰 外人皆稱夫子好辯 敢問何也
공도자왈 외인개칭부자호변 감문하야

孟子曰 予豈好辯哉 予不得已也 「등문공 하 9」
맹자왈 여기호변재 여부득이야

¹²孟子謂齊宣王曰 王之臣有託其妻子於其友而之楚遊者 比其反也
맹자위제선왕왈 왕지신유탁기처자어기우이지초유자 비기반야

則凍餒其妻子 則如之何 王曰 棄之 曰 士師不能治士 則如之何 王曰 已之
즉동뇌기처자 즉여지하 왕왈 기지 왈 사사불능치사 즉여지하 왕왈 이지

曰 四境之內不治 則如之何 王顧左右而言他 「양혜왕 하 6」
왈 사경지내불치 즉여지하 왕고좌우이언타

2부

¹人之有道也 飽食煖衣 逸居而無敎 則近於禽獸 聖人有憂之
인지유도야 포식난의 일거이무교 즉근어금수 성인유우지

使契爲司徒 敎以人倫 父子有親 君臣有義
사설위사도 교이인륜 부자유친 군신유의

夫婦有別 長幼有序 朋友有信 「등문공 상 4」
부부유별 장유유서 붕우유신

²所以謂人皆有不忍人之心者 今人乍見孺子將入於井
소이위인개유불인인지심자 금인사견유자장입어정

皆有怵惕惻隱之心 非所以內交於孺子之父母也 非所以要譽於鄕黨朋友也
개유출척측은지심 비소이납교어유자지부모야 비소이요예어향당붕우야

非惡其聲而然也 由是觀之 無惻隱之心 非人也 無羞惡之心 非人也
비오기성이연야 유시관지 무측은지심 비인야 무수오지심 비인야

無辭讓之心 非人也 無是非之心 非人也 「공손추 상 6」
무사양지심 비인야 무시비지심 비인야

³惻隱之心 仁之端也 羞惡之心 義之端也 辭讓之心 禮之端也
측은지심 인지단야 수오지심 의지단야 사양지심 예지단야

是非之心 知之端也 人之有是四端也 猶其有四體也 「공손추 상 6」
시비지심 지지단야 인지유시사단야 유기유사체야

⁴凡有四端於我者 知皆擴而充之矣 若火之始然 泉之始達
범유사단어아자 지개확이충지의 약화지시연 천지시달

苟能充之 足以保四海 苟不充之 不足以事父母 「공손추 상 6」
구능충지 족이보사해 구불충지 부족이사부모

⁵孟子曰 富歲 子弟多賴 凶歲 子弟多暴 非天之降才爾殊也
맹자왈 부세 자제다뢰 흉세 자제다포 비천지강재이수야

其所以陷溺其心者然也 今夫麰麥 播種而耰之 其地同 樹之時又同 浡然而生
기소이함닉기심자연야 금부모맥 파종이우지 기지동 수지시우동 발연이생

至於日至之時 皆熟矣 雖有不同 則地有肥磽 雨露之養 人事之不齊也 「고자 상 7」
지어일지지시 개숙의 수유부동 즉지유비요 우로지양 인사지부제야

⁶公都子問曰 鈞是人也 或爲大人 或爲小人 何也 孟子曰 從其大體 爲大人
공도자문왈 균시인야 혹위대인 혹위소인 하야 맹자왈 종기대체 위대인

從其小體 爲小人 曰 鈞是人也 或從其大體 或從其小體 何也
종기소체 위소인 왈 균시인야 혹종기대체 혹종기소체 하야

曰 耳目之官 不思而蔽於物 物交物則引之而已矣 「고자 상 15」
왈 이목지관 불사이폐어물 물교물즉인지이이의

7孟子曰 (……) 人見其濯濯也 以爲未嘗有材焉 此豈山之性也哉
맹자왈 (……) 인견기탁탁야 이위미상유재언 차기산지성야재

雖存乎人者 豈無仁義之心哉 其所以放其良心者 亦猶斧斤之於木也
수존호인자 기무인의지심재 기소이방기량심자 역유부근지어목야

旦旦而伐之 可以爲美乎 「고자 상 8」
단단이벌지 가이위미호

8心之官則思 思則得之 不思則不得也 此 天之所與我者
심지관즉사 사즉득지 불사즉부득야 차 천지소여아자

先立乎其大者 則其小者不能奪也 此 爲大人而已矣 「고자 상 15」
선립호기대자 즉기소자불능탈야 차 위대인이이의

9告子曰 性 猶杞柳也 義 猶桮棬也 以人性爲仁義 猶以杞柳爲桮棬
고자왈 성 유기류야 의 유배권야 이인성위인의 유이기류위배권

孟子曰 子能順杞柳之性 而以爲桮棬乎 將戕賊杞柳而後 以爲桮棬也
맹자왈 자능순기류지성 이이위배권호 장장적기류이후 이위배권야

如將戕賊杞柳 而以爲桮棬 則亦將戕賊人 以爲仁義與
여장장적기류 이이위배권 즉역장장적인 이위인의여

率天下之人而禍仁義者 必子之言夫 「고자 상 1」
솔천하지인이화인의자 필자지언부

10告子曰 性 猶湍水也 決諸東方則東流 決諸西方則西流
고자왈 성 유단수야 결저동방즉동류 결저서방즉서류

人性之無分於善不善也 猶水之無分於東西也
인성지무분어선불선야 유수지무분어동서야

孟子曰 水信無分於東西 無分於上下乎 人性之善也 猶水之就下也
맹자왈 수신무분어동서 무분어상하호 인성지선야 유수지취하야

人無有不善 水無有不下 今夫水 搏而躍之 可使過顙 激而行之 可使在山
인무유불선 수무유불하 금부수 박이약지 가사과상 격이행지 가사재산

是豈水之性哉 其勢則然也 人之可使爲不善 其性亦猶是也 「고자 상 2」
시기수지성재 기세즉연야 인지가사위불선 기성역유시야

11孟子曰 欲貴者 人之同心也 人人有貴於己者 弗思耳
맹자왈 욕귀자 인지동심야 인인유귀어기자 불사이

人之所貴者 非良貴也 趙孟之所貴 趙孟能賤之
인지소귀자 비량귀야 조맹지소귀 조맹능천지

詩云 旣醉以酒 旣飽以德 言飽乎仁義也 所以不願人之膏粱之味也
시운 기취이주 기포이덕 언포호인의야 소이불원인지고량지미야

令聞廣譽 施於身 所以不願人之文繡也 ^{「고자 상 17」}
영문광예 시어신 소이불원인지문수야

¹²孟子曰 魚 我所欲也 熊掌 亦我所欲也 二者不可得兼 舍魚而取熊掌者也
맹자왈 어 아소욕야 웅장 역아소욕야 이자불가득겸 사어이취웅장자야

生 亦我所欲也 義 亦我所欲也 二者不可得兼 舍生而取義者也
생 역아소욕야 의 역아소욕야 이자불가득겸 사생이취의자야

生 亦我所欲 所欲有甚於生者 故不爲苟得也
생 역아소욕 소욕유심어생자 고불위구득야

死 亦我所惡 所惡有甚於死者 故患有所不辟也 ^{「고자 상 10」}
사 역아소오 소오유심어사자 고환유소불피야

¹³一簞食 一豆羹 得之則生 弗得則死 嘑爾而與之
일단사 일두갱 득지즉생 불득즉사 호이이여지

行道之人弗受 蹴爾而與之 乞人不屑也 ^{「고자 상 10」}
행도지인불수 축이이여지 걸인불설야

¹⁴孟子曰 人之所不學而能者 其良能也 所不慮而知者 其良知也
맹자왈 인지소불학이능자 기량능야 소불려이지자 기량지야

孩提之童 無不知愛其親也 及其長也 無不知敬其兄也
해제지동 무부지애기친야 급기장야 무부지경기형야

親親 仁也 敬長 義也 無他 達之天下也 ^{「진심 상 15」}
친친 인야 경장 의야 무타 달지천하야

¹⁵孟子曰 盡其心者 知其性也 知其性 則知天矣
맹자왈 진기심자 지기성야 지기성 즉지천의

存其心 養其性 所以事天也 殀壽不貳 修身以俟之 所以立命也 ^{「진심 상 1」}
존기심 양기성 소이사천야 요수불이 수신이사지 소이립명야

¹⁶孟子曰 萬物皆備於我矣 反身而誠 樂莫大焉 强恕而行 求仁莫近焉 ^{「진심 상 4」}
맹자왈 만물개비어아의 반신이성 낙막대언 강서이행 구인막근언

3부

¹孟子曰 自暴者 不可與有言也 自棄者 不可與有爲也
맹자왈 자포자 불가여유언야 자기자 불가여유위야

言非禮義 謂之自暴也 吾身不能居仁由義 謂之自棄也
언비례의 위지자포야 오신불능거인유의 위지자기야

仁 人之安宅也 義 人之正路也 曠安宅而弗居 舍正路而不由 哀哉 「이루 상 10」
인 인지안택야 의 인지정로야 광안택이불거 사정로이불유 애재

³然則一羽之不擧 爲不用力焉 輿薪之不見 爲不用明焉
연즉일우지불거 위불용력언 여신지불견 위불용명언

百姓之不見保 爲不用恩焉 故王之不王 不爲也 非不能也
백성지불견보 위불용은언 고왕지불왕 불위야 비불능야

曰 不爲者與不能者之形 何以異 曰 挾太山以超北海
왈 불위자여불능자지형 하이이 왈 협태산이초북해

語人曰 我不能 是誠不能也 爲長者折枝 語人曰 我不能
어인왈 아불능 시성불능야 위장자절지 어인왈 아불능

是不爲也 非不能也 故王之不王 非挾太山以超北海之類也
시불위야 비불능야 고왕지불왕 비협태산이초북해지류야

王之不王 是折枝之類也 「양혜왕 상 7」
왕지불왕 시절지지류야

³曰 是心足以王矣 百姓皆以王爲愛也 臣固知王之不忍也 王曰 然 誠有百姓者
왈 시심족이왕의 백성개이왕위애야 신고지왕지불인야 왕왈 연 성유백성자

齊國雖褊小 吾何愛一牛 卽不忍其觳觫若無罪而就死地 故以羊易之也
제국수편소 오하애일우 즉불인기곡속약무죄이취사지 고이양역지야

曰 王無異於百姓之以王爲愛也 以小易大 彼惡知之 王若隱其無罪而就死地
왈 왕무이어백성지이왕위애야 이소역대 피오지지 왕약은기무죄이취사지

則牛羊何擇焉 王笑曰 是誠何心哉 我非愛其財而易之以羊也
즉우양하택언 왕소왈 시성하심재 아비애기재이역지이양야

宜乎百姓之謂我愛也 「양혜왕 상 7」
의호백성지위아애야

⁴曰 無傷也 是乃仁術也 見牛未見羊也 君子之於禽獸也 見其生 不忍見其死
왈 무상야 시내인술야 견우미견양야 군자지어금수야 견기생 불인견기사

聞其聲 不忍食其肉 是以君子遠庖廚也 「양혜왕 상 7」
문기성 불인식기육 시이군자원포주야

⁵孟子曰 (……) 有孺子歌曰 滄浪之水淸兮 可以濯我纓
맹자왈 (……) 유유자가왈 창랑지수청혜 가이탁아영

滄浪之水濁兮 可以濯我足 孔子曰 小子聽之 淸斯濯纓 濁斯濯足矣 自取之也
창랑지수탁혜 가이탁아족 공자왈 소자청지 청사탁영 탁사탁족의 자취지야

夫人必自侮 然後人侮之 家必自毁 而後人毁之 國必自伐 而後人伐之
부인필자모 연후인모지 가필자훼 이후인훼지 국필자벌 이후인벌지

太甲曰 天作孽 猶可違 自作孽 不可活 此之謂也 「이루 상 8」
태갑왈 천작얼 유가위 자작얼 불가활 차지위야

6 孟子曰 道在爾而求諸遠 事在易而求諸難 人人親其親長其長而天下平 「이루 상 11」
맹자왈 도재이이구저원 사재이이구저난 인인친기친장기장이천하평

7 公孫丑問曰 夫子加齊之卿相 得行道焉 雖由此霸王 不異矣
공손추문왈 부자가제지경상 득행도언 수유차패왕 불이의

如此 則動心 否乎 孟子曰 否 我四十不動心 「공손추 상 2」
여차 즉동심 부호 맹자왈 부 아사십부동심

8 昔者 曾子謂子襄曰 子好勇乎 吾嘗聞大勇於夫子矣
석자 증자위자양왈 자호용호 아상문대용어부자의

自反而不縮 雖褐寬博 吾不惴焉 自反而縮 雖千萬人 吾往矣
자반이불축 수갈관박 오불췌언 자반이축 수천만인 오왕의

孟施舍之守氣 又不如曾子之守約也 「공손추 상 2」
맹시사지수기 우불여증자지수약야

9 孟子曰 (……) 夫志 氣之帥也 氣 體之充也 夫志至焉 氣次焉
맹자왈 (……) 부지 기지수야 기 체지충야 부지지언 기차언

故曰 持其志 無暴其氣 旣曰 志至焉 氣次焉 又曰 持其志 無暴其氣者 何也
고왈 지기지 무포기기 기왈 지지언 기차언 우왈 지기지 무포기기자 하야

曰 志壹則動氣 氣壹則動志也 今夫蹶者趨者 是氣也 而反動其心 「공손추 상 2」
왈 지일즉동기 기일즉동지야 금부궐자추자 시기야 이반동기심

10 敢問何謂浩然之氣 曰 難言也 其爲氣也 至大至剛
감문하위호연지기 왈 난언야 기위기야 지대지강

以直養而無害 則塞于天地之間 其爲氣也 配義與道
이직양이무해 즉색우천지지간 기위기야 배의여도

無是 餒也 是集義所生者 非義襲而取之也 行有不慊於心 則餒矣 「공손추 상 2」
무시 뇌야 시집의소생자 비의습이취지야 행유불겸어심 즉뇌의

11 孟子曰 (……) 必有事焉 而勿正 心勿忘 勿助長也 無若宋人然
맹자왈 (……) 필유사언 이물정 심물망 물조장야 무약송인연

宋人有閔其苗之不長而揠之者 芒芒然歸 謂其人曰 今日病矣 予助苗長矣
송인유민기묘지부장이알지자 망망연귀 위기인왈 금일병의 여조묘장의

其子趨而往視之 苗則槁矣 天下之不助苗長者寡矣 以爲無益而舍之者
기자추이왕시지　묘즉고의　천하지부조묘장자과의　이위무익이사지자

不耘苗者也 助之長者 揠苗者也 非徒無益 而又害之 「공손추 상 2」
불운묘자야　조지장자　알묘자야　비도무익　이우해지

¹²何謂知言 曰 詖辭知其所蔽 淫辭知其所陷 邪辭知其所離 遁辭知其所窮
하위지언　왈　피사지기소폐　음사지기소함　사사지기소리　둔사지기소궁

生於其心 害於其政 發於其政 害於其事 聖人復起 必從吾言矣 「공손추 상 2」
생어기심　해어기정　발어기정　해어기사　성인부기　필종오언의

¹³孟子曰 仁之實 事親是也 義之實 從兄是也 智之實 知斯二者 弗去是也
맹자왈　인지실　사친시야　의지실　종형시야　지지실　지사이자　불거시야

禮之實 節文斯二者是也 樂之實 樂斯二者 樂則生矣 生則惡可已也
예지실　절문사이자시야　악지실　낙사이자　낙즉생의　생즉오가이야

惡可已 則不知足之蹈之手之舞之 「이루 상 27」
오가이　즉부지족지도지수지무지

¹⁴曾晳嗜羊棗 而曾子不忍食羊棗 公孫丑問曰 膾炙與羊棗 孰美
증석기양조　이증자불인식양조　공손추문왈　회자여양조　숙미

孟子曰 膾炙哉 公孫丑曰 然則曾子何爲食膾炙而不食羊棗
맹자왈　회자재　공손추왈　연즉증자하위식회자이불식양조

曰 膾炙所同也 羊棗所獨也 諱名不諱姓 姓所同也 名所獨也 「진심 하 36」
왈　회자소동야　양조소독야　휘명불휘성　성소동야　명소독야

¹⁵曾子養曾晳 必有酒肉 將徹 必請所與 問有餘 必曰 有 曾晳死 曾元養曾子
증자양증석　필유주육　장철　필청소여　문유여　필왈　유　증석사　증원양증자

必有酒肉 將徹 不請所與 問有餘 曰 亡矣 將以復進也 此所謂養口體者也
필유주육　장철　불청소여　문유여　왈　무의　장이부진야　차소위양구체자야

若曾子 則可謂養志也 事親若曾子者 可也 「이루 상 19」
약증자　즉가위양지야　사친약증자자　가야

¹⁶桃應問曰 舜爲天子 皐陶爲士 瞽瞍殺人 則如之何 孟子曰 執之而已矣
도응문왈　순위천자　고요위사　고수살인　즉여지하　맹자왈　집지이이의

然則舜不禁與 曰 夫舜惡得而禁之 夫有所受之也 然則舜如之何
연즉순불금여　왈　부순오득이금지　부유소수지야　연즉순여지하

曰 舜視棄天下 猶棄敝蹝也 竊負而逃 遵海濱而處
왈　순시기천하　유기폐사야　절부이도　준해빈이처

終身訢然 樂而忘天下 「진심 상 35」
종신흔연　낙이망천하

¹⁷老吾老 以及人之老 幼吾幼 以及人之幼 天下可運於掌
노오로 이급인지로 유오유 이급인지유 천하가운어장

詩云 刑于寡妻 至于兄弟 以御于家邦 言擧斯心 加諸彼而已
시운 형우과처 지우형제 이어우가방 언거사심 가저피이이

故推恩 足以保四海 不推恩 無以保妻子 ^{「양혜왕 상 7」}
고추은 족이보사해 불추은 무이보처자

¹⁸孟子曰 仁 人心也 義 人路也 舍其路而不由 放其心而不知求 哀哉 ^{「고자 상 11」}
맹자왈 인 인심야 의 인로야 사기로이불유 방기심이부지구 애재

¹⁹人有鷄犬放 則知求之 有放心而不知求 ^{「고자 상 11」}
인유계견방 즉지구지 유방심이부지구

²⁰學問之道 無他 求其放心而已矣 ^{「고자 상 11」}
학문지도 무타 구기방심이이의

²¹孟子曰 博學而詳說之 將以反說約也 ^{「이루 하 15」}
맹자왈 박학이상설지 장이반설약야

²²孟子曰 梓匠輪輿 能與人規矩 不能使人巧 ^{「진심 하 5」}
맹자왈 재장윤여 능여인규구 불능사인교

²³孟子曰 君子深造之以道 欲其自得之也 自得之 則居之安
맹자왈 군자심조지이도 욕기자득지야 자득지 즉거지안

居之安 則資之深 資之深 則取之左右 逢其原 故君子欲其自得之也 ^{「이루 하 14」}
거지안 즉자지심 자지심 즉취지좌우 봉기원 고군자욕기자득지야

²⁴孟子曰 盡信書 則不如無書 吾於武成 取二三策而已矣
맹자왈 진신서 즉불여무서 오어무성 취이삼책이이의

仁人 無敵於天下 以至仁伐至不仁 而何其血之流杵也 ^{「진심 하 3」}
인인 무적어천하 이지인벌지불인 이하기혈지류저야

²⁵孟子曰 舜發於畎畝之中 傅說擧於版築之間
맹자왈 순발어견무지중 부열거어판축지간

膠鬲擧於魚鹽之中 管夷吾擧於士 孫叔敖擧於海 百里奚擧於市 ^{「고자 하 15」}
교격거어어염지중 관이오거어사 손숙오거어해 백리해거어시

²⁶故天將降大任於是人也 必先苦其心志 勞其筋骨
고천장강대임어시인야 필선고기심지 노기근골

餓其體膚 空乏其身 行拂亂其所爲 所以動心忍性 曾益其所不能 「고자 하 15」
아 기 체 부 공 핍 기 신 행 불 란 기 소 위 소 이 동 심 인 성 증 익 기 소 불 능

27 入則無法家拂士 出則無敵國外患者 國恒亡
입 즉 무 법 가 필 사 출 즉 무 적 국 외 환 자 국 항 망

然後知生於憂患而死於安樂也 「고자 하 15」
연 후 지 생 어 우 환 이 사 어 안 락 야

28 孟子曰 恥之於人 大矣 爲機變之巧者 無所用恥焉
맹 자 왈 치 지 어 인 대 의 위 기 변 지 교 자 무 소 용 치 언

不恥不若人 何若人有 「진심 상 7」
불 치 불 약 인 하 약 인 유

29 孟子曰 人不可以無恥 無恥之恥 無恥矣 「진심 상 6」
맹 자 왈 인 불 가 이 무 치 무 치 지 치 무 치 의

30 孟子曰 君子有三樂 而王天下不與存焉
맹 자 왈 군 자 유 삼 락 이 왕 천 하 불 예 존 언

父母俱存 兄弟無故 一樂也 仰不愧於天 俯不怍於人 二樂也
부 모 구 존 형 제 무 고 일 락 야 앙 불 괴 어 천 부 부 작 어 인 이 락 야

得天下英才而敎育之 三樂也 君子有三樂 而王天下不與存焉 「진심 상 20」
득 천 하 영 재 이 교 육 지 삼 락 야 군 자 유 삼 락 이 왕 천 하 불 예 존 언

31 孟子曰 仁 人心也 義 人路也 「고자 상 11」
맹 자 왈 인 인 심 야 의 인 로 야

32 孟子曰 人皆有所不忍 達之於其所忍 仁也
맹 자 왈 인 개 유 소 불 인 달 지 어 기 소 인 인 야

人皆有所不爲 達之於其所爲 義也 「진심 하 31」
인 개 유 소 불 위 달 지 어 기 소 위 의 야

33 孟子曰 人有不爲也而後 可以有爲 「이루 하 8」
맹 자 왈 인 유 불 위 야 이 후 가 이 유 의

34 得百里之地而君之 皆能以朝諸侯 有天下
득 백 리 지 지 이 군 지 개 능 이 조 제 후 유 천 하

行一不義 殺一不辜 而得天下 皆不爲也 是則同 「공손추 상 2」
행 일 불 의 살 일 불 고 이 득 천 하 개 불 위 야 시 즉 동

³⁵孟子曰 不仁哉 梁惠王也 仁者 以其所愛 及其所不愛
맹자왈 불인재 양혜왕야 인자 이기소애 급기소불애

不仁者 以其所不愛 及其所愛 ^{「진심 하 1」}
불인자 이기소불애 급기소애

³⁶梁惠王 以土地之故 糜爛其民而戰之 大敗 將復之 恐不能勝
양혜왕 이토지지고 미란기민이전지 대패 장부지 공불능승

故驅其所愛子弟以殉之 是之謂以其所不愛及其所愛也 ^{「진심 하 1」}
고구기소애자제이순지 시지위이기소불애급기소애야

³⁷責善 朋友之道也 父子責善 賊恩之大者 ^{「이루 하 30」}
책선 붕우지도야 부자책선 적은지대자

³⁸公孫丑曰 君子之不敎子 何也 孟子曰 勢不行也
공손추왈 군자지불교자 하야 맹자왈 세불행야

敎者必以正 以正不行 繼之以怒 繼之以怒 則反夷矣
교자필이정 이정불행 계지이로 계지이로 즉반이의

夫子敎我以正 夫子未出於正也 則是父子相夷也 父子相夷 則惡矣
부자교아이정 부자미출어정야 즉시부자상이야 부자상이 즉악의

古者 易子而敎之 父子之間不責善 責善則離 離則不祥莫大焉 ^{「이루 상 18」}
고자 역자이교지 부자지간불책선 책선즉리 이즉불상막대언

³⁹萬章問曰 敢問友 孟子曰 不挾長 不挾貴 不挾兄弟而友 友也者 友其德也
만장문왈 감문우 맹자왈 불협장 불협귀 불협형제이우 우야자 우기덕야

不可以有挾也 孟獻子 百乘之家也 有友五人焉 樂正裘牧仲 其三人
불가이유협야 맹헌자 백승지가야 유우오인언 악정구목중 기삼인

則予忘之矣 獻子之與此五人者友也 無獻子之家者也 此五人者 亦有獻子之家
즉여망지의 헌자지여차오인자우야 무헌자지가자야 차오인자 역유헌자지가

則不與之友矣 非惟百乘之家爲然也 雖小國之君亦有之 ^{「만장 하 3」}
즉불여지우의 비유백승지가위연야 수소국지군역유지

⁴⁰萬章問曰 敢問交際 何心也 孟子曰 恭也 ^{「만장 하 4」}
만장문왈 감문교제 하심야 맹자왈 공야

⁴¹孟子謂萬章曰 一鄕之善士 斯友一鄕之善士 一國之善士 斯友一國之善士
맹자위만장왈 일향지선사 사우일향지선사 일국지선사 사우일국지선사

天下之善士 斯友天下之善士 以友天下之善士 爲未足 又尙論古之人
천하지선사 사우천하지선사 이우천하지선사 위미족 우상론고지인

頌其詩 讀其書 不知其人 可乎 是以論其世也 是尙友也 ^{「만장 하 8」}
송 기 시 독 기 서 부 지 기 인 가 호 시 이 논 기 세 야 시 상 우 야

42子路 人告之以有過則喜 ^{「공손추 상 8」}
자 로 인 고 지 이 유 과 즉 희

43禹聞善言則拜 ^{「공손추 상 8」}
우 문 선 언 즉 배

44禹八年於外 三過其門而不入 ^{「등문공 상 4」}
우 팔 년 어 외 삼 과 기 문 이 불 입

45大舜有大焉 善與人同 舍己從人 樂取於人以爲善
대 순 유 대 언 선 여 인 동 사 기 종 인 낙 취 어 인 이 위 선

自耕稼陶漁 以至爲帝 無非取於人者 ^{「공손추 상 8」}
자 경 가 도 어 이 지 위 제 무 비 취 어 인 자

46取諸人以爲善 是與人爲善者也 故君子莫大乎與人爲善 ^{「공손추 상 8」}
취 저 인 이 위 선 시 여 인 위 선 자 야 고 군 자 막 대 호 여 인 위 선

47景春日 公孫衍張儀 豈不誠大丈夫哉
경 춘 왈 공 손 연 장 의 기 불 성 대 장 부 재

一怒而諸侯懼 安居而天下熄 ^{「등문공 하 2」}
일 로 이 제 후 구 안 거 이 천 하 식

48孟子曰 是焉得爲大丈夫乎 子未學禮乎 丈夫之冠也 父命之
맹 자 왈 시 언 득 위 대 장 부 호 자 미 학 례 호 장 부 지 관 야 부 명 지

女子之嫁也 母命之 往送之門 戒之曰 往之女家 必敬必戒 無違夫子
부 자 지 가 야 모 명 지 왕 송 지 문 계 지 왈 왕 지 여 가 필 경 필 계 무 위 부 자

以順爲正者 妾婦之道也 ^{「등문공 하 2」}
이 순 위 정 자 첩 부 지 도 야

49居天下之廣居 立天下之正位 行天下之大道 得志 與民由之
거 천 하 지 광 거 입 천 하 지 정 위 행 천 하 지 대 도 득 지 여 민 유 지

不得志 獨行其道 富貴不能淫 貧賤不能移 威武不能屈 此之謂大丈夫 ^{「등문공 하 2」}
부 득 지 독 행 기 도 부 귀 불 능 음 빈 천 불 능 이 위 무 불 능 굴 차 지 위 대 장 부

50季孫曰 異哉 子叔疑 使己爲政 不用 則亦已矣 又使其子弟爲卿
계 손 왈 이 재 자 숙 의 사 기 위 정 불 용 즉 역 이 의 우 사 기 자 제 위 경

人亦孰不欲富貴 而獨於富貴之中 有私龍斷焉 古之爲市者 以其所有
인역숙불욕부귀 이독어부귀지중 유사롱단언 고지위시자 이기소유

易其所無者 有司者治之耳 有賤丈夫焉 必求龍斷而登之 以左右望 而罔市利
역기소무자 유사자치지이 유천장부언 필구롱단이등지 이좌우망 이망시리

人皆以爲賤 故從而征之 征商 自此賤丈夫始矣 「공손추 하 10」
인개이위천 고종이정지 정상 자차천장부시의

⁵¹萬章曰 一鄕皆稱原人焉 無所往而不爲原人 孔子以爲德之賊 何哉
만장왈 일향개칭원인언 무소왕이불위원인 공자이위덕지적 하재

曰 非之無擧也 刺之無刺也 同乎流俗 合乎汚世 居之似忠信 行之似廉潔
왈 비지무거야 자지무자야 동호속류 합호오세 거지사충신 행지사염결

衆皆悅之 自以爲是 而不可與入堯舜之道 故曰 德之賊也
중개열지 자이위시 이불가여입요순지도 고왈 덕지적야

孔子曰 惡似而非者 惡莠 恐其亂苗也 惡佞 恐其亂義也 惡利口 恐其亂信也
공자왈 오사이비자 오유 공기란묘야 오녕 공기란의야 오리구 공기란신야

惡鄭聲 恐其亂樂也 惡紫 恐其亂朱也 惡鄕原 恐其亂德也
오정성 공기란악야 오자 공기란주야 오향원 공기란덕야

君子反經而已矣 經正 則庶民興 庶民興 斯無邪慝矣 「진심 하 37」
군자반경이이의 경정 즉서민흥 서민흥 사무사특의

4부

¹孟子見梁惠王 王曰 叟不遠千里而來 亦將有以利吾國乎
맹자견양혜왕 왕왈 수불원천리이래 역장유이리오국호

孟子對曰 王何必曰利 亦有仁義而已矣 王曰 何以利吾國
맹자대왈 왕하필왈리 역유인의이이의 왕왈 하이리오국

大夫曰 何以利吾家 士庶人曰 何以利吾身 上下交征利 而國危矣
대부왈 하이리오가 사서인왈 하이리오신 상하교정리 이국위의

萬乘之國 弑其君者 必千乘之家 千乘之國 弑其君者 必百乘之家 萬取千焉
만승지국 시기군자 필천승지가 천승지국 시기군자 필백승지가 만취천언

千取百焉 不爲不多矣 苟爲後義而先利 不奪不饜 未有仁而遺其親者也
천취백언 불위부다의 구위후의이선리 불탈불염 미유인이유기친자야

未有義而後其君者也 王亦曰仁義而已矣 何必曰利 「양혜왕 상 1」
미유의이후기군자야 왕역왈인의이이의 하필왈리

²曰 我將言其不利也 曰 先生之志 則大矣 先生之號 則不可 「고자 하 4」
왈 아장언기불리야 왈 선생지지 즉대의 선생지호 즉불가

³先生以利說秦楚之王 秦楚之王悅於利 以罷三軍之師
선생 이리세진초지왕 진초지왕열어리 이파삼군지사

是三軍之士樂罷而悅於利也 爲人臣者 懷利以事其君
시삼군지사락파이열어리야 위인신자 회리이사기군

爲人子者 懷利以事其父 爲人弟者 懷利以事其兄 是君臣父子兄弟
위인자자 회리이사기부 위인제자 회리이사기형 시군신부자형제

終去仁義 懷利以相接 然而不亡者 未之有也 「고자 하 4」
종거인의 회리이상접 연이불망자 미지유야

⁴先生以仁義說秦楚之王 秦楚之王悅於仁義 而罷三軍之師
선생이인의세진초지왕 진초지왕열어인의 이파삼군지사

是三軍之士樂罷而悅於仁義也 爲人臣者 懷仁義以事其君
시삼군지사락파이열어인의야 위인신자 회인의이사기군

爲人子者 懷仁義以事其父 爲人弟者 懷仁義以事其兄
위인자자 회인의이사기부 위인제자 회인의이사기형

是君臣父子兄弟 去利懷仁義以接也 然而不王者 未之有也 何必曰利 「고자 하 4」
시군신부자형제 거리회인의이접야 연이불왕자 미지유야 하필왈리

⁵孟子曰 矢人豈不仁於函人哉 矢人惟恐不傷人 函人惟恐傷人
맹자왈 시인기불인어함인재 시인유공불상인 함인유공상인

巫匠亦然 故術不可不愼也 「공손추 상 7」
무장역연 고술불가불신야

⁶是以惟仁者 宜在高位 不仁而在高位 是播其惡於衆也 「이루 상 1」
시이유인자 의재고위 불인이재고위 시파기악어중야

⁷上無道揆也 下無法守也 朝不信道 工不信度 君子犯義
상무도규야 하무법수야 조불신도 공불신도 군자범의

小人犯刑 國之所存者幸也 「이루 상 1」
소인범형 국지소존자행야

⁸梁惠王曰 寡人願安承敎 孟子對曰 殺人以梃與刃 有以異乎
양혜왕왈 과인원안승교 맹자대왈 살인이정여인 유이이호

曰 無以異也 以刃與政 有以異乎 曰 無以異也 曰 庖有肥肉 廐有肥馬
왈 무이이야 이인여정 유이이호 왈 무이이야 왈 포유비육 구유비마

民有飢色 野有餓莩 此率獸而食人也 獸相食 且人惡之 爲民父母
민유기색 야유아표 차솔수이식인야 수상식 차인오지 위민부모

行政 不免於率獸而食人 惡在其爲民父母也 「양혜왕 상 4」
행정 불면어솔수이식인 오재기위민부모야

⁹狗彘食人食而不知檢 塗有餓莩而不知發 人死
구 체 식 인 식 이 부 지 검 도 유 아 표 이 부 지 발 인 사

則曰 非我也 歲也 是何異於刺人而殺之 曰 非我也 兵也
즉 왈 비 아 야 세 야 시 하 이 어 척 인 이 살 지 왈 비 아 야 병 야

王無罪歲 斯天下之民至焉 「양혜왕 상 3」
왕 무 죄 세 사 천 하 지 민 지 언

¹⁰孟子曰 以力假仁者霸 霸必有大國 以德行仁者王 王不待大
맹 자 왈 이 력 가 인 자 패 패 필 유 대 국 이 덕 행 인 자 왕 왕 부 대 대

湯以七十里 文王以百里 以力服人者 非心服也 力不贍也
탕 이 칠 십 리 문 왕 이 백 리 이 력 복 인 자 비 심 복 야 역 불 섬 야

以德服人者 中心悅而誠服也 如七十子之服孔子也
이 덕 복 인 자 중 심 열 이 성 복 야 여 칠 십 자 지 복 공 자 야

詩云 自西自東 自南自北 無思不服 此之謂也 「공손추 상 3」
시 운 자 서 자 동 자 남 자 북 무 사 불 복 차 지 위 야

¹¹今王發政施仁 使天下仕者 皆欲立於王之朝 耕者
금 왕 발 정 시 인 사 천 하 사 자 개 욕 립 어 왕 지 조 경 자

皆欲耕於王之野 商賈 皆欲藏於王之市 行旅皆欲出於王之途
개 욕 경 어 왕 지 야 상 고 개 욕 장 어 왕 지 시 행 려 개 욕 출 어 왕 지 도

天下之欲疾其君者 皆欲赴愬於王 其如是 孰能禦之 「양혜왕 상 7」
천 하 지 욕 질 기 군 자 개 욕 부 소 어 왕 기 여 시 숙 능 어 지

¹²梁惠王曰 寡人之於國也 盡心焉耳矣 河內凶 則移其民於河東
양 혜 왕 왈 과 인 지 어 국 야 진 심 언 이 의 하 내 흉 즉 이 기 민 어 하 동

移其粟於河內 河東凶亦然 察鄰國之政 無如寡人之用心者
이 기 속 어 하 내 하 동 흉 역 연 찰 린 국 지 정 무 여 과 인 지 용 심 자

鄰國之民不加少 寡人之民不加多 何也
인 국 지 민 불 가 소 과 인 지 민 불 가 다 하 야

孟子對曰 王好戰 請以戰喩 塡然鼓之 兵刃旣接 棄甲曳兵而走
맹 자 대 왈 왕 호 전 청 이 전 유 전 연 고 지 병 인 기 접 기 갑 예 병 이 주

或百步而後止 或五十步而後止 以五十步笑百步 則何如
혹 백 보 이 후 지 혹 오 십 보 이 후 지 이 오 십 보 소 백 보 즉 하 여

曰 不可 直不百步耳 是亦走也
왈 불 가 직 불 백 보 이 시 역 주 야

曰 王如知此 則無望民之多於鄰國也 「양혜왕 상 3」
왈 왕 여 지 차 즉 무 망 민 지 다 어 린 국 야

¹³ 今有仁心仁聞而民不被其澤 不可法於後世者 不行先王之道也
금 유 인 심 인 문 이 민 불 피 기 택 불 가 법 어 후 세 자 불 행 선 왕 지 도 야

故曰 徒善不足以爲政 徒法不能以自行 「이루 상 1」
고 왈 도 선 부 족 이 위 정 도 법 불 능 이 자 행

¹⁴ 孟子曰 人皆有不忍人之心 先王有不忍人之心 斯有不忍人之政矣
맹 자 왈 인 개 유 불 인 인 지 심 선 왕 유 불 인 인 지 심 사 유 불 인 인 지 정 의

以不忍人之心 行不忍人之政 治天下 可運之掌上 「공손추 상 6」
이 불 인 인 지 심 행 불 인 인 지 정 치 천 하 가 운 지 장 상

¹⁵ 孟子曰 離婁之明 公輸子之巧 不以規矩 不能成方員
맹 자 왈 이 루 지 명 공 수 자 지 교 불 이 규 구 불 능 성 방 원

師曠之聰 不以六律 不能正五音 堯舜之道 不以仁政 不能平治天下 「이루 상 1」
사 광 지 총 불 이 육 률 불 능 정 오 음 요 순 지 도 불 이 인 정 불 능 평 치 천 하

¹⁶ 不違農時 穀不可勝食也 數罟不入洿池 魚鼈不可勝食也
불 위 농 시 곡 불 가 승 식 야 촉 고 불 입 오 지 어 별 불 가 승 식 야

斧斤以時入山林 材木不可勝用也 穀與魚鼈不可勝食 材木不可勝用
부 근 이 시 입 산 림 재 목 불 가 승 용 야 곡 여 어 별 불 가 승 식 재 목 불 가 승 용

是使民養生喪死 無憾也 養生喪死無憾 王道之始也 「양혜왕 상 3」
시 사 민 양 생 상 사 무 감 야 양 생 상 사 무 감 왕 도 지 시 야

¹⁷ 方里而井 井九百畝 其中爲公田 八家皆私百畝 同養公田
방 리 이 정 정 구 백 묘 기 중 위 공 전 팔 가 개 사 백 묘 동 양 공 전

公事畢 然後敢治私事 所以別野人也 「등문공 상 3」
공 사 필 연 후 감 치 사 사 소 이 별 야 인 야

¹⁸ 五畝之宅 樹之以桑 五十者可以衣帛矣 鷄豚狗彘之畜 無失其時
오 묘 지 택 수 지 이 상 오 십 자 가 이 의 백 의 계 돈 구 체 지 휵 무 실 기 시

七十者可以食肉矣 百畝之田 勿奪其時 數口之家可以無飢矣 「양혜왕 상 3」
칠 십 자 가 이 식 육 의 백 묘 지 전 무 탈 기 시 수 구 지 가 가 이 무 기 의

¹⁹ 謹庠序之敎 申之以孝悌之義 頒白者不負戴於道路矣
근 상 서 지 교 신 지 이 효 제 지 의 반 백 자 불 부 대 어 도 로 의

七十者衣帛食肉 黎民不飢不寒 然而不王者 未之有也 「양혜왕 상 3」
칠 십 자 의 백 식 육 여 민 불 기 불 한 연 이 불 왕 자 미 지 유 야

²⁰ 王曰 吾惛 不能進於是矣 願夫子輔吾志 明以敎我
왕 왈 오 혼 불 능 진 어 시 의 원 부 자 보 오 지 명 이 교 아

我雖不敏 請嘗試之 曰 無恒產而無恒心者 惟士爲能
아 수 불 민 청 상 시 지 왈 무 항 산 이 무 항 심 자 유 사 위 능

若民 則無恒產 因無恒心 苟無恒心 放辟邪侈 無不爲已
약 민 즉 무 항 산 인 무 항 심 구 무 항 심 방 벽 사 치 무 불 위 이

及陷於罪 然後從而刑之 是罔民也 焉有仁人在位 罔民而可爲也
급 함 어 죄 연 후 종 이 형 지 시 망 민 야 언 유 인 인 재 위 망 민 이 가 위 야

是故明君制民之產 必使仰足以事父母 俯足以畜妻子
시 고 명 군 제 민 지 산 필 사 앙 족 이 사 부 모 부 족 이 휵 처 자

樂歲終身飽 凶年免於死亡 然後驅而之善 故民之從之也輕 「양혜왕 상 7」
낙 세 종 신 포 흉 년 면 어 사 망 연 후 구 이 지 선 고 민 지 종 지 야 경

21詩云 經始靈臺 經之營之 庶民攻之 不日成之 經始勿亟 庶民子來
시 운 경 시 령 대 경 지 영 지 서 민 공 지 불 일 성 지 경 시 물 극 서 민 자 래

王在靈囿 麀鹿攸伏 麀鹿濯濯 白鳥鶴鶴 王在靈沼 於牣魚躍
왕 재 령 유 우 록 유 복 우 록 탁 탁 백 조 학 학 왕 재 령 소 오 인 어 약

文王以民力 爲臺爲沼 而民歡樂之 謂其臺曰靈臺 謂其沼曰靈沼
문 왕 이 민 력 위 대 위 소 이 민 환 락 지 위 기 대 왈 령 대 위 기 소 왈 령 소

樂其有麋鹿魚鼈 古之人 與民偕樂 故能樂也 「양혜왕 상 2」
낙 기 유 미 록 어 별 고 지 인 여 민 해 락 고 능 락 야

22湯誓曰 時日害喪 予及女偕亡 民欲與之偕亡
탕 서 왈 시 일 갈 상 여 급 여 해 망 민 욕 여 지 해 망

雖有臺池鳥獸 豈能獨樂哉 「양혜왕 상 2」
수 유 대 지 조 수 기 능 독 락 재

23曰 獨樂樂 與人樂樂 孰樂 曰 不若與人
왈 독 락 악 여 인 락 악 숙 락 왈 불 약 여 인

曰 與少樂樂 與衆樂樂 孰樂 曰 不若與衆 臣請爲王言樂
왈 여 소 락 악 여 중 락 악 숙 락 왈 불 약 여 중 신 청 위 왕 언 악

今王鼓樂於此 百姓聞王鍾鼓之聲 管籥之音 擧疾首蹙頞而相告曰
금 왕 고 악 어 차 백 성 문 왕 종 고 지 성 관 약 지 음 거 질 수 축 알 이 상 고 왈

吾王之好鼓樂 夫何使我至於此極 父子不相見 兄弟妻子離散
오 왕 지 호 고 악 부 하 사 아 지 어 차 극 야 부 자 불 상 견 형 제 처 자 리 산

今王田獵於此 百姓聞王車馬之音 見羽旄之美 擧疾首蹙頞而相告曰
금 왕 전 렵 어 차 백 성 문 왕 거 마 지 음 견 우 모 지 미 거 질 수 축 알 이 상 고 왈

吾王之好田獵 夫何使我至於此極也 父子不相見 兄弟妻子離散
오 왕 지 호 전 렵 부 하 사 아 지 어 차 극 야 부 자 불 상 견 형 제 처 자 리 산

此無他 不與民同樂也 「양혜왕 하 1」
차 무 타 불 여 민 동 락 야

²⁴曰 文王之囿 方七十里 芻蕘者往焉 雉兔者往焉 與民同之
왈 문왕지유 방칠십리 추요자왕언 치토자왕언 여민동지

民以爲小 不亦宜乎 臣始至於境 問國之大禁 然後敢入
민이위소 불역의호 신시지어경 문국지대금 연후감입

臣聞郊關之內 有囿方四十里 殺其麋鹿者 如殺人之罪
신문교관지내 유유방사십리 살기미록자 여살인지죄

則是方四十里 爲阱於國中 民以爲大 不亦宜乎 「양혜왕 하 2」
즉시방사십리 위정어국중 민이위대 불역의호

²⁵曰 (……) 太誓曰 天視 自我民視 天聽 自我民聽 此之謂也 「만장 상 5」
왈 (……) 태서왈 천시 자아민시 천청 자아민청 차지위야

²⁶孟子曰 民爲貴 社稷次之 君爲輕 是故得乎丘民而爲天子
맹자왈 민위귀 사직차지 군위경 시고득호구민이위천자

得乎天子爲諸侯 得乎諸侯爲大夫 諸侯危社稷 則變置 犧牲旣成
득호천자위제후 득호제후위대부 제후위사직 즉변치 희생기성

粢盛旣潔 祭祀以時 然而旱乾水溢 則變置社稷 「진심 하 14」
자성기결 제사이시 연이한건수일 즉변치사직

²⁷齊宣王問曰 湯放桀 武王伐紂 有諸 孟子對曰 於傳有之
제선왕문왈 탕방걸 무왕벌주 유저 맹자대왈 어전유지

曰 臣弑其君 可乎 曰 賊仁者謂之賊 賊義者謂之殘
왈 신시기군 가호 왈 적인자위지적 적의자위지잔

殘賊之人 謂之一夫 聞誅一夫紂矣 未聞弑君也 「양혜왕 하 8」
잔적지인 위지일부 문주일부주의 미문시군야

열일곱 살에 읽는 맹자

초판 1쇄 발행 2017년 9월 4일
초판 3쇄 발행 2022년 6월 10일

지은이 | 김태진
디자인 | 여상우
조판 | 고유라
일러스트레이션 | 김보통

펴낸이 | 박숙희
펴낸곳 | 메멘토
신고 | 2012년 2월 8일 제25100-2012-32호
주소 | 서울시 은평구 연서로26길 9-3(대조동) 301호
전화 | 070-8256-1543 팩스 | 0505-330-1543
이메일 | mementopub@gmail.com

ⓒ 김태진
ISBN 978-89-98614-44-7 (43150)

이 도서의 국립중앙도서관 출판예정도서목록(CIP)은 서지정보유통지원시스템 홈페이지
(http://seoji.nl.go.kr)와 국가자료공동목록시스템(http://www.nl.go.kr/kolisnet)에서
이용하실 수 있습니다. (CIP제어번호: CIP2017021085)